ブックレット《アジアを学ぼう》45

櫻田智恵

タイ国王を支えた人々

プーミポン国王の行幸と映画を巡る奮闘記

風響社

地方行幸にて、お言葉を述べるプーミポン国王（タイ国立図書館 HP より）

サコーンナコーン県にて、年代不明（タイ国立図書館 HP より）

地方行幸の様子、年代不明（タイ国立図書館 HP より）

プーミポン国王の写真はどこにでもある（2013 年、マハーチャイ）

おもて表紙写真：パカイマース・ウォンウィワットワイタヤ

タイ国王を支えた人々——プーミポン国王の行幸と映画を巡る奮闘記

櫻田智恵

はじめに

想像してみてください。

とある会社に勤めるあなた。本社からの出向で、ある地方の支店長を勤めています。社員のほとんどは地元で採用になった人たちで、本社からの出向者は少ないのですが、みんな一生懸命働いてくれます。

そんなあなたのもとへ、ある日突然、社長が視察を希望しているという連絡がありました。通知された視察予定日まで時間がありません。地元採用の社員たちはおろか、あなた自身でさえ、社長に直接会ったことはありません。社長はたくさんの部下を連れてくるそうです。それは会社の幹部をはじめとする錚々《そうそう》たるメンバーです。社長たちを迎えるため、念入りに準備したいところですが、このようなことは前例がなく、誰かに助言を求めることもできません。あなたなら、狼狽《うろた》えずに社長を迎えることができますか。

この話は、一九五〇年代のタイ王国で起こったある出来事をモチーフにしている。支店長は県知事を、社員たちは地方公務員を、会社の幹部は王族をはじめとする高官を、そして社長は前タイ国王プーミポンである。この話は、プーミポン前国王の地方行幸の際、奉迎の役割を担った県知事たちが置かれた状況なのである。

前タイ国王プーミポン・アドゥンヤデート（在位一九四六―二〇一六）は、積極的に地方行幸を行い、民衆と親しく触れ合った国王として名高い。国民からの絶大な敬愛を集め、政治混乱を収束させる手腕を持った名君。このような国王像は、日本のメディアでも繰り返し伝えられてきた。

しかし、前国王は即位当初からそのような権威を確立していたわけではない。そこに至るまでには、国王自身と、彼を支える多くの人々の地道な努力の積み重ねがあった。

プーミポン国王は一九四六年に即位し、一九五〇年に戴冠式を挙行して、正式に王位についた。一七八二年に始まるラッタナコーシン朝第九代の国王である。即位当初、国王の権威は現在では想像し難いほどに低かった。一九三二年、人民党が起した立憲革命で、絶対王政を否定した影響が続いていたためである。タイ国内に居住すらしない国王が続き、プーミポン国王は、タイ国内で公務を行った実質的には初めての国王となった。[1]国民にとっては国王の存在感は乏しく、地方では国王の顔すら知られていなかった。

プーミポン国王の最初の課題は、自身の存在を国民に知らしめることだった。冒頭のたとえ話は、このような状況下で起こった出来事である。社長が地方支店を視察する。それには随行する幹部や予算が必要であり、何より支店長である「あなた」の懸命な働きが無ければ「実りある視察」は実現しない。

本書の目的と構成

本書の主役は、そのように人知れず奮闘してきた「現場の人」たちである。プーミポン国王本人については、個人的な能力や、歴代の首相らとの関係性など、豊富な研究の蓄積がある。しかし、彼の側近についてはほとんど知られていない。本書では、プーミポン前国王のイメージ形成に寄与した側近や役人の働きに焦点を当て、プーミポン前国王の絶大な権威確立までの奮闘の様子を描き出す。

本書では、プーミポン前国王の七〇年におよぶ治世のうち、特に一九五〇～六〇年代について論じる。前国王の権威は、一九七三年に初めて政治に介入し、その混乱を収めたことで確立したとされる［玉田　二〇一三：一八―一九］。六〇年代は、その前段階として前国王の存在感を民衆の間に根付かせるために重要な時期であり、そのイメージ形成に向けた模索期でもあった。この時期に着目することは、プーミポン前国王の最も初期のイメージ戦略を知る上で不可欠である。

本書の全体の流れを紹介しておこう。

まず、はじめにでは基本知識をおさえる。プーミポン国王の略歴や、一九五〇年代のタイを取り巻く国際情勢を概観する。第一節と第二節は、プーミポン国王の治世を特徴づけた、地方行幸が主題である。まず第一節では、タイ各地で国王の行幸がどのように演出され、君主と大勢の民衆が相対する美しく華やかな奉迎の場が完成していく過程を見ていく。第二節では、華やかな行幸の舞台裏を支えた役人たちに焦点をあて、その苦闘ぶりを描き出す。第三節では、行幸と並び国王イメージの流布に決定的な役割を担った「陛下の映画」を取り上げる。内容や宣伝方法、そしてプーミポン国王の宣伝部長ともいえる人物の活躍についてみていくこととする。

なお、本文中では混乱を避けるため、前国王という表記は使用せず、すべて「国王」もしくは「プーミポン国王」とした。また、一般的には君主が各地を訪問する際、訪問場所が一か所のみの場合は「行幸」、複数個所の場合は「巡幸」というが、本書ではいずれの場合も「行幸」で統一した。

一　プーミポン国王とは

1　プーミポン国王の家族と突然の即位

そもそも、プーミポン国王とはどのような人だったのだろうか。まずは、彼の生い立ちから見ていこう。

プーミポン国王は、一九二七年一二月五日にアメリカ合衆国マサチューセッツ州ボストンで生まれた。父親はマヒドン親王[2]、母親はサンワーン・タラパット（後にシーナカリンという名を拝命）である。

父親のマヒドン親王は、ラーマ五世の六九番目の息子であり、当時の国王プラチャーティポック（ラーマ七世）の異母兄弟であった。一九一七年からハーバード大学で薬学を学び始め、その頃、看護を学んでいたサンワーンと出会う。サンワーンは華僑出身で、宮仕えの経験はあったものの、平民であった。二人は一九二〇年に結婚、一九二三年に長女ガラヤニーを、一九二五年に長男アーナンタマヒドンを、そして一九二七年にプーミポンを授かった。

「プーミポン・アドゥンヤデート」という名前は、叔父である国王ラーマ七世が命名した。高位の王族の子息の名づけの権限は、国王、もしくは国王付の占い師（Brahman adviser）のみが持っていたのである［Handley 2006: 12］。その名は「大地の力」「比類なき力」という意味を持つ。プーミポンの誕生後、一家はタイに帰国した。

当初、プーミポンが王位に就く可能性は低かった。母が平民の出身であり、ラーマ七世の兄弟も存命だったためである。しかし一九二七年、状況が一変した。ラーマ七世が、自身の全ての兄弟・異母兄弟・叔父の息子らに対し、母親の出自に関係なく「王子」の身分を与えたのである［Handley 2006: 13］。実子がいないことから、王位の継承を危惧してのことであった。これにより、アーナンタマヒドンとプーミポン兄弟は王位継承権を持つ王子となった。父マヒドンは、二人の息子が国王になることは避けたいと願いながら、一九二九年に病で息を引き取った［Handley

2006: 14]。

この頃、王室を取り巻く情勢は緊迫していた。以前から財政難のために円滑な政治運営が困難になっていた王室だが、ついに一九三二年に立憲革命(3)が発生、絶対王政は廃止されることとなった。身の危険を感じたプーミポンの家族は、一九三三年にスイスのローザンヌに移住した。自然豊かなスイスが選ばれたのは、病弱なアーナンタマヒドンの療養のためでもあった。

そして、一九三五年の三月、イギリスに滞在中だったラーマ七世が退位の意向を表明すると、議会決定により、アーナンタマヒドンが新国王として即位することが決定した。ラーマ七世には子どもがなく、兄弟たちもすでに死去していたためである。その後、第二次世界大戦が勃発したこともあり、アーナンタマヒドン国王（ラーマ八世）は一九四五年まで引き続きローザンヌに滞在したが、終戦を機にタイに帰国した。

しかし、その翌一九四六年六月九日の朝、ラーマ八世が寝室で頭を撃ち抜いて死亡しているところが侍従たちにより発見された。その死の経緯については様々な臆測が飛び交ったが、現在に至るまで明確にされていない。このラーマ八世の急死に伴い、弟であるプーミポンが即日、新国王として即位することとなった。

プーミポンはすぐに即位を受け入れる意向を表明したものの、当時一九歳で大学生だったこともあり、学業を優先するため、一旦スイスのローザンヌ大学に戻ることとなった。これを機に、専攻は自然科学から法律と政治学に変更した[NIO　二〇〇八：四六]。プーミポンがタイに不在の間の摂政は、チャイナートナレントーン親王が務めた。

スイスで学業に勤《いそ》しむ傍ら、頻繁にイギリスやフランスに出かけていた国王は、一九四八年にイギリスのロンドン郊外でトラックとの衝突事故を起こして片目を負傷、義眼となった。これは不幸な事故であったが、その際看病のために通っていた、同じく王族でフランス大使の娘であるシリキットと仲を深め、婚約する運びとなった。シリキットを伴い、プーミポン国王は一九五〇年三月にタイに帰国した。

2　プーミポンの帰国セレモニーとアメリカの思惑

プーミポンの帰国に際しては、大々的なセレモニーが催された。政府は、何週間も前から、新国王の帰国祝いのために献上する白象を探して回った。また、新国王の到着日は祝日とされ、船で到着する国王を一目見ようと、群集がチャオプラヤー川の河岸に集まった。川を遡上できるように大型船から小型船に乗り代えてバンコクに現れた新国王は、アメリカの航空会社が飛ばした小型機からのライスシャワーによって迎えられた［Handley 2006: 106、NIO　二〇〇八：四五］。こうした大々的なセレモニーが行われた背景には、単なる祝賀の意味だけでなく、アメリカの思惑が絡んでいたと考えられる。

一九四九年頃から、アメリカのCIAはタイに国境警備隊を創設し、武器の提供や訓練を行っていた［Handley 2006: 105、パースック&ベーカー　二〇〇二＝二〇〇六：三八四］。当時アメリカは、アジアの国々の共産化を防ぐには、「洗脳」のための心理戦が必要だと考えており［Natthaphon 2013: 291-295］、こうした支援もその一環であった。四九年に共産党政権である中華人民共和国が成立すると、タイはアメリカにとって重要な防共拠点とされた。

同時期に、一九四七年のクーデタで出された布告とその後に発布された憲法により、国王や「ロイヤリスト」の政治における役割は増大しつつあった［Natthaphon 2013: 301］。それは、「クーデタは現行憲法および法律に違反する行為であるが、クーデタが成功した場合、新たな憲法を国王（摂政）から賜ることを求めることができる。新憲法の制定により旧憲法は廃止され、旧憲法に基づく内閣は停止される」という文言に表れている［加藤　一九九五：一二四―一二五］。国王が容認さえすれば、クーデタによる政権交代は正当なものになるということである。これは、現在のタイにおいて、クーデタの発生率が異常に高いこととも関連している。

一九五〇年に朝鮮戦争が勃発すると、東南アジアにおける「洗脳」作戦の意義は高まった。とはいえ、この時点はまだ、プーミポン国王は「洗脳」作戦に利用されなかった。なぜなら、当時のピブーン政権は、基本的に反王制の立場であり、国王に巨大な権威を付与することを良しとしなかったからである［Natthaphon 2013: 321-325］。しかし、CIAの父と呼ばれたウィリアム・J・ドノーバンが、駐タイ・アメリカ大使として一九五三年に着任すると、状況は変わった。アメリカは国王を「タイの象徴」と位置付け、「洗脳」作戦へ関与するよう、積極的に働きかけはじめたのである。もちろん、ピブーン政権は国王の権威拡大に反対し続けた［Kobkua 1995: 78-79］。しかしその陰で、国王やその周辺のロイヤリストらは独自にアメリカに接近し始めた(4)。国王の権威拡大という点で、利害が一致したためだと考えられる。

ドノーバンが着任した一九五三年は、国王のメディア戦略の重大な転換点でもあった。後述するように、地方行幸の実施をめぐる議論はこの頃に始まる。「陛下の映画」の公開開始もこの時期からである。

ただし、これらの事業にアメリカが直接関与したわけではない。タイは、アメリカが提示した「タイの象徴」という国王像を巧みに利用したが、必要以上に介入されることは避けた。プーミポン国王とその側近たちは、アメリカの後押しという千歳一遇の好機をとらえ、ピブーン政権下で弱体化された王室の権威を回復すべく、立ち回ったのである。

二　美しき奉迎風景――その誕生

県庁の前にあつらえた立派な舞台。巨大なタイ国旗がはためき、美しく重厚なカーテンが舞台を彩る。御料車から降りた若き国王夫妻は、ブラスバンド隊による国王讃歌を背に、群衆の波を優しくかき分けるように舞台に向かっていく。演奏が終了すると、どこからか「国王陛下、王妃陛下、栄光あれ！」の声がし、民衆が「チャイヨー Chaiyo（万歳）」

を叫ぶ。国王夫妻は、歓喜の声の中を舞台に上がる。しかし、国王がマイクの前に立つと、群衆は沈黙し、固唾を飲んで発声を待つ。「ここを訪れることができて、大変嬉しく思います……」という定型句通りの国王の言葉が終わると同時に、感極まった民衆たちの間から、再び「チャイヨー」の大合唱が湧き上がる。「チャイヨー」の連呼は、国王夫妻の姿が見えなくなるまで続いた。

御料車で移動中の国王夫妻は、道端で奉迎する民衆を見かけると車を降りて声をかけた。何時間も路上で待ち続けた九〇歳の老婆は、一輪の花を国王に献上した。長時間握りしめられて萎れてしまったその花を、陛下は腰をかがめて両手で大切そうに受け取った……。

これは、一九五〇年代に実際に見られた奉迎風景である。こうした様子は公文書に記録され、新聞で報道されただけでなく、ラジオによる生中継でも伝えられた［Mo.Tho. 0201.2.1.31.3.17 (38)］。

本節では、こうした奉迎の場が創られていく過程をみていきたい。

1　プーミポン国王の地方行幸

プーミポン国王は、タイの歴史上もっとも頻繁に地方を訪問した国王であると言われている［NIO 二〇〇八：三二五］。それは、国王自身が「国民に姿を見せる」ことを重視し、積極的に行幸を行ってきたからである［櫻田 二〇一三：七四］。かたや、国民は行幸を通して、国王への忠誠心や敬愛の心を育んだという［Khaosod ed. 2006: 104］。地方行幸は、プーミポン国王の治世を象徴する公務であった。

しかし、長い治世の全期間を見ていくと、行幸の頻度には時期的な違いがある。即位直後は、まだ行幸回数は多くない。転機を迎えるのは一九六六年で［タック 一九八九：三七二］、最も活発に行われるようになるのは一九七〇年代以降である［櫻田 二〇一三：八一］。一九七〇年代の行幸日数は、平均して年間二五〇日に及ぶ。

表 1　離宮の建設年代（Chanida: 2007 を元に、筆者作成）

1927 年（ラーマ 7 世期）	グライガンウォン離宮	プラチュアップキーリカン（中部・西部）
1959 年	プーピン離宮	チエンマイ（北部）
1973 年	タックシン離宮	ナラーティワート（南部）
1976 年　※ 1975 年	プーパン離宮	サコンナコーン（東北部）

七〇年代の直前には、地方行幸に不可欠となる設備や制度の準備が進められていた。設備として重要なのは、タイ各地に建設された離宮である（表1）。行幸は、離宮に滞在する形で行なわれる。主に使用される離宮は四か所で、毎年決まった時期にそれぞれ一〜二か月ほど滞在する。

制度面では、一九六九年に全国奉迎マニュアルが完成した。このマニュアルの原型は、一九六四年九月一二日に全国の県知事を集めて開催されたセミナーで配布された。著者は内務次官であったプワン・スワンナラットである。プワンは、ピッサヌローク県の知事代行として、一九五五年の北部行幸を管轄した人物である。このマニュアルに、役人の服装や作法の細部について国王官房の職員などが書き足し、完成した。

左がプワン・スワンナラット（Phunang 2000: 92）

王室秘書事務所では公務を八種類に分類しており、地方行幸は「公務④：各地の人々を訪問する（viyam rasadon）」に区分される（以下、人民訪問）。人民訪問の回数は一九七三年から増加し、七〇年代を通して最多の公務となった〔櫻田 二〇一三：七八―八〇〕。人民訪問の特徴は、国王（もしくは国王夫妻／家族）が国民と直接会話をする機会と捉えられていたことである。その土地の様子や生活上の問題を国王が尋ねるだけでなく、民衆が上奏する機会でもあった。

ただし、離宮滞在型の行幸であるがゆえに、行幸先は離宮の所在地に集中していた。図1は一九六六年以降の行幸先と回数を地図上に示したものである。離宮の所在県に行幸が集中している状況が明らかである。訪問回数が比較的多いのも、この離宮周辺の

図1　1966～2002年の行幸回数の分布

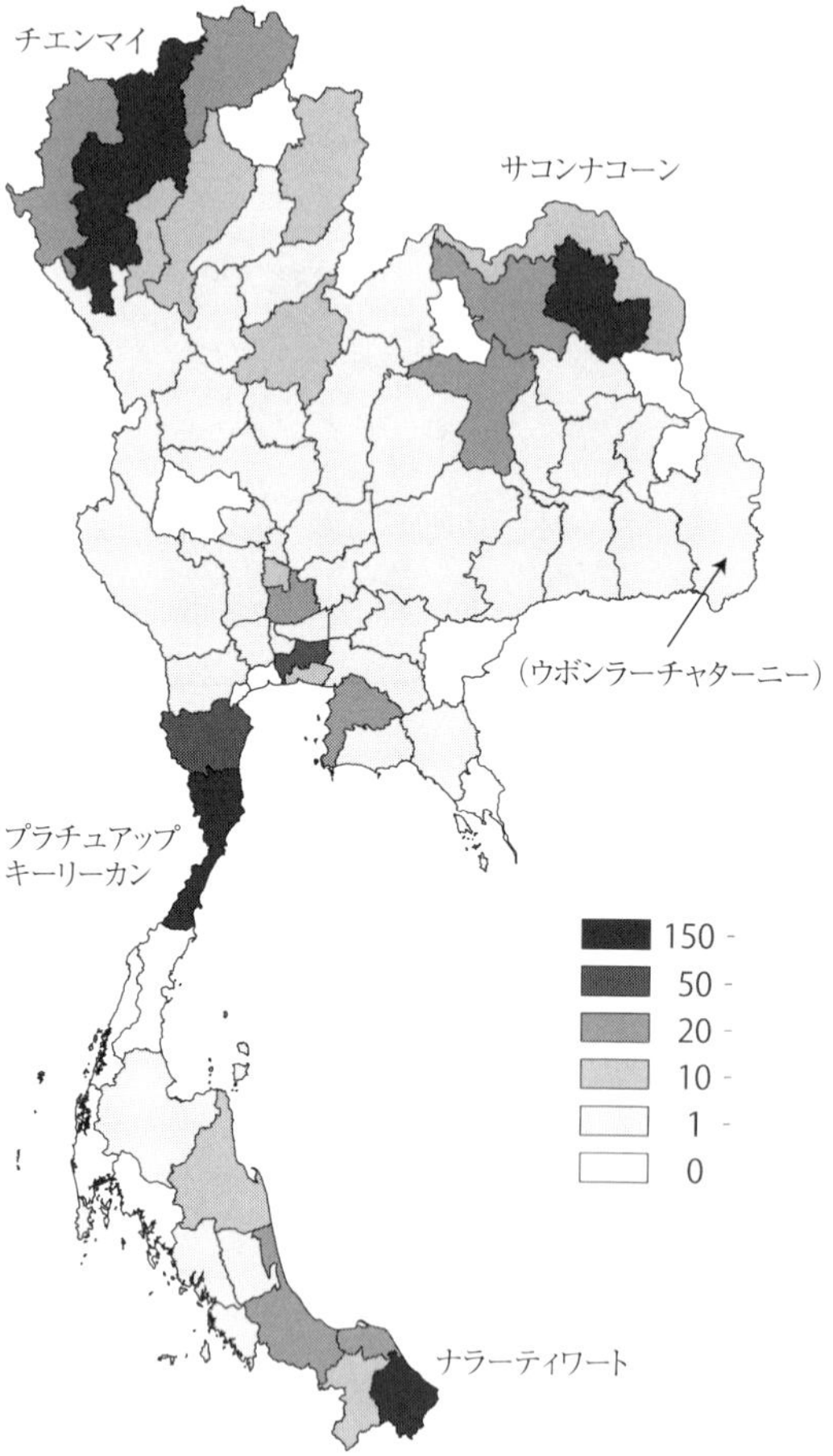

県に限られる。全国への頻繁な行幸というイメージとは裏腹に、実態として行幸先には大きな偏りがあったのである。

しかし、行幸を奉迎した土地では、今もその記憶が重要な意味を持っている。

東北部のウボンラーチャターニー県は、七〇年代以降の行幸回数はわずか一回の県である（図1）。二〇一五年の国王誕生日の際、記念行事で同県における地方行幸の記憶が回顧され、古い映像が公開された。この時使用された映像は、一九七〇年代唯一の行幸の際の映像ではなく、一九五五年の東北部行幸時の映像であった。なぜ、より古い映像が選ばれたのだろうか。それは、一九五五年の奉迎セレモニーの方が大規模で、参加者の共通体験として刻み込まれていたからである。現地社会の総力を挙げての奉迎参加の経験は、後世にも語り継がれるほど、巨大なインパクトを残すものだったと言えよう。国王がただ行幸したからではなく、奉迎セレモニーに住民が参加したからこそ、国

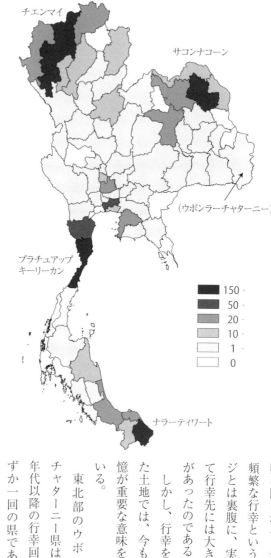

王の存在は人々の記憶に刻まれたのである。

2　地方行幸はする？　しない？

そもそも、地方行幸はどのような経緯で始まったのだろうか。

地方行幸を実施すべきという意見は、一九五三年頃から現れている。具体的に政府の検討事項となるのは、一九五五年三月九日にビルマのウー・ヌ首相の来タイがきっかけであった。ウー・ヌ首相は、ビルマで開催される「第三期三蔵結集[5]」の開会式典へのプーミポン国王の出席を打診した。タイ政府は、これをビルマとの親善を深める機会として前向きにとらえたが、国王自身は出席に消極的であった。国王官房は、その理由を文書で政府に説明した。理由は四つある［Prakan 2008: 94］。

①招待を申し出たのは、ビルマの首相であり大統領ではない。
②招待の目的が、「第三期三蔵結集」の開会式への出席であり、State Visit（国家元首の公式訪問）ではない。本来であれば、大統領がState Visitの目的で私（国王）を招待し、その際に「第三期三蔵結集」の開会式にも参列するという流れでなくてはならない。
③まだ国内を全く訪問できていない。それなのに、外国訪問はできない。
④招待を受けた五月には、自身の戴冠記念式典がある。同月の仏誕節にビルマに訪問するのは難しいであろう。

［（　）内は、筆者の加筆。］

ここで、特に行幸に関して言及している③の内容は、次の通りである。

> まだ、自国タイの国内三つの地域、東北部、北部、南部を訪問することができていない。西洋人でさえ私に、イサーン（東北タイ）に私が訪問する件について言及してくる。タイ国内をまだ訪問できていないのに、国外を訪問することなどできないように思う。もし、タイ国内を旅行する準備やその計画があるならば、政府はこの件を熟慮するように。しかし、タイ国内を旅行する準備がまだないならば、私は国外を訪問するのはふさわしくないと考える。〔So.Ro. 0201.65/3〕

この書類は、国王が初めて自身の言葉で国内行幸を希望した史料として興味深い。この発言を受け、政府の政治顧問であったプン・ジャーティカワニットは、「政府はすでに（国王による）イサーン訪問計画案について、内務省に委任している」と返答している〔So.Ro. 0201.65/3〕。

行幸について分析したプラガーンは、確かにこの段階で政府は乾季に東北行幸を実施する方向で検討を開始していたが、行幸自体に重要な意味付けをしていなかったのではないか、と指摘している。それを示すのは、単語の用法である。通常、日本語で「行幸」という時には、タイ語では「サデット　プララーチャダムヌン（Sadet Phrarachadamnuen）」という単語が使用されるが、この当時の行政文書では「ご旅行」を意味する「サデット　プラパート（Sadet Praphat）」が使用されている。これは、公務というよりも私的な活動というニュアンスを含む言葉である。一方、国王は私的な「旅行」ではなく、明確な政治的意図を持って行幸を希望していたと考えられる。それは国王官房から首相府に送られた文書によく表れている。

> 一一月の行幸について、内閣は外務省とも連絡を取り合うように、と国王は仰せです。陛下は、以前失地した領土の民衆を訪問することができるだろうとお考えです。（傍点は、筆者）〔So.Ro. 0201.65/3〕

これは、隣国ラオスやカンボジアとの間で係争地になっていた、メコン川流域、そしてカオ・プラ・ビハーン遺跡（カンボジア名：プレア・ヴィヒア）のことである。自身が訪問することで、タイ領であることを対外的に示そうとしたのだろう。

一連のやり取りがあった五月、ピブーン首相は外遊中であった。六月二一日に帰国すると、すぐに国王に謁見した。謁見後、ピブーンは、国王のビルマ訪問を取りやめ、東北地方への行幸を決定した。

その後、七月一三日付けの首相府から内務省宛ての文書では、国王の地方行幸を急ぎ計画するよう指示している。ただし、行幸の具体的な訪問先や日程については記載がなく、政府が「すでに内務省に委任している」としていた行幸計画は、実際には何も進展していなかったことがわかる。

ともあれ、内務省はこの指示を受け、わずか二週間で計画案をまとめあげた。その骨子は、仏暦二四九八（一九五五）年九月にチャオプラヤー川とターギーン川流域、一一月に東北部へ行幸し、翌二四九九（一九五六）年一月に北部を行幸するというものであった。この計画をもとに、行幸実施に向けた動きが本格化する。

3　急ごしらえの初行幸

最初の行幸は、チャオプラヤー川とターギーン川流域、すなわちタイ中部への行幸（以下、中部行幸）であった。日程は、三回に分ける形で組まれた（図2）。

第一回　日付：一九五五年九月二〇日・二一日
　　　　場所：スパンブリー県

第二回　日付：一九五五年九月二七日・二八日
　　　　場所：ナコーンサワン県、チャイナート県、シンブリー県、アーントーン県、アユッタヤー県
第三回　日付：一〇月一八日
　　　　場所：ナコーンナーヨック県

各回とも、日帰りか一泊程度の行程である。過密気味のスケジュールが組まれたが、特に第二回目は、二日間で五県を訪問するという強行日程であった。人民訪問の時間も、一か所につき三〇分程度に限られた。

図2　中部行幸の場所（県）

事前準備も十分に行われず、急ごしらえの初行幸であった。最初の準備会議が行なわれたのは、八月二七日のことである。すでに実施日までは一か月を切っていた。出席者は二三名で、内務省、国王官房などの省庁関係者、関係する州や県の知事らである(6)。

会議ではまず、今回の行幸の総責任者が、内務大臣デート・デーチャプラユットであることを確認した。続いてデートは、会議の主旨を説明した。首相府から内務省に対し、河川流域（チャオプラヤー川、ターヂーン川、メークローン川流域）、北部、東北部という三地域への行幸に関する草案を提出するよう指示があり、これについて話し合う、というものである［Mo.Tho. 0201.2.1.31.3/31 (74)］。行幸の目的は、「国王にゆったりとした時間を過ごしてもらい、民衆をその

御威光で勇気づける」ことであり、国王と民衆の接触が目的であることが確認された。
懸案事項は、行幸日程に集中した。デートは、国王が日程を気に入るか懸念している。国王が船旅をあまり好まないと指摘し、船を改装するか、もしくは車で日帰りする日程を提案した。国土官房の副長は、国王も帯同できることも挙げ、日帰り案を強く推した。また、国王は遺跡や遺物などに関心があるのか、あるとすれば、国王が訪問する可能性がある場所を事前に確認しておくべきだとされた。会議の結論として、行幸先はバンコクから日帰り可能な地域とし、具体的な訪問先は国王の意向に従って精選するとした。日帰りならば王妃

次の会議は、九月一日に開かれた。デートは別件があり欠席し、内務事務次官が議長を務めた。その他、前回の出席者に加え、国道局や地図局など行幸に関係する部局が一堂に会した。

会議の冒頭、前日に行われた国王への奏上について報告があった。内務大臣らが行幸計画について奏上したところ、国王は、「東北部への行幸に先駆け、スパンブリー県、ラーチャブリー県、ナコーンナーイ県（原文のまま：ナコーンナーヨック県か）、チャイナート県などに行幸したい」と返答したという。しかし、会議で取り上げられたのは、第一回行幸で訪問するスパンブリー県についてだけだった。議題としては、他県に関する事項も採用されたが、「（これらのことについては）決定事項はない」とある［Mo.Tho. 0201.2.1.31.3/11 (13-15)］。

最後に、行幸に対する国王からの三項目の要望事項が周知された。

一　（奉迎に来る）民衆を選り分けたり、制限したりしないように。また、民衆を並べる時には、道中すべてではなく、点々と集めるようにしなさい。行幸に要する時間の節約になるだろう。

二　予算消化のためや、追加予算の申請のために行幸を利用しないこと。国家予算を食いつぶすほどのお金をかける必要はない。

三　特に公務員は、これを憂鬱に思う者に義務として強制しないように。働いてくれる者は、忠誠心を持って業務にあたるように。

［Mo.Tho. 0201.2.1.31.3/11 (15)］

この会議で明らかになったのは、国王の行幸構想が、会議出席者の想像を大きく超えるものだということである。国王の構想では中部地域全体が訪問先に想定されているが、由々しきことに、その希望に応え得る準備は全く進んでいないのである。彼らにとって、「行幸の成功」とはすなわち「国王が気に入ること」であり、それが実現しないのは大問題であった。

可能な限り国王の意向を尊重すべく、移動手段が再考された。移動時間の短縮のため、航空機を使うことにした。機体は空軍が管理し、ダコタ社製の航空機を改造した専用機を使用する。現地到着後に使用する車両は各県が、川や湖沼を移動するための船は灌漑局が、それぞれ用意することに決まった。

その後、行幸実施まで関係者は多忙を極めた。行幸の報告書は逐一まとめられているが、第二回と第三回行幸の報告書を見る限り、現場の判断で乗り切った印象を受ける。中央から現地各県へは指示文書が発せられておらず、中央での会議の議事録も残されていない。国王と政府の思惑のずれ。指導力を発揮できない中央政府と、経験不足の地方。それでもひとまず、中部行幸は「成功」を収めた。

4　行幸の「成功」とは――奉迎方法の重要視へ

ピブーンら政府首班は中部行幸を「成功」と判断した。何が評価されたのだろうか。

九月二五日にピブーンに提出された第一回行幸の報告書では、民衆の反応が上々だった様子を書き連ねている。「老若男女が近隣の郡から集まってきて、多くの人数が奉迎に訪れました。」「家から国旗や献上品を載せるための机を持参し、国王に平伏する者も多くいました」「国王陛下の肉声は、拡声器によって奉迎した人々に聞こえるように工夫されました」「予定通り、大変うまくいきました。国民ともども、これを大変喜ばしく思います」。これに対しピブーンは、手書きで「了解。すべてうまくやってくれてありがとう」と書き込んでいる。

このように、報告書の総括基準は、国王の満足度よりも民衆の反応にあった。具体的に重視されたのは、第一に民衆の数、第二に民衆による忠誠心を表す行動、第三に国王の肉声を聞かせること、の三点である。これらは、後の行幸でも同様に重視され、「成功」判断基準となっていく。

第一回行幸の一週間後には、国王が希望する中部地域の他県への行幸が行われた。ただ、この行幸の企画案が内務省から首相府に対して提出されたのは、行幸の前日であった。大規模な行幸にしては、あまりに急な決定である。[Prakan 2008: 103]。

この第二回中部行幸では、効率よく回れるよう、最初に一番北のナコーンサワン県まで航空機で移動し、そこからバンコクに向かって車で南下するルートが取られた。寺や学校では、国旗や奉祝のメッセージが掲げられ、生徒らが集まって奉迎した[Mo.Tho. 0201.2.1.31.3/6 (9)]。献上品も多く寄せられた。献上品は国王が必ず受け取り、返礼として、一人あたり九バーツが与えられたという［Kiatisak 1955.9.29.］。興奮した群集が国王の車列に群がってしまい、進めなくなるという問題も起こった［Mo.Tho. 0201.2.1.31.3/6 (10)］。チャイナート県では、感激した男性が泣きながら国王に抱き着いてしまう事件も発生し、新聞が再発防止を呼びかけている［Kiatisak 1955.9.29.］。

民衆の興奮ぶりが、これらの報告からよくわかる。しかし、第二回中部行幸は先述の通り強行軍だった。一か所での滞在時間は約三〇分に過ぎない。限られた時間の中でも、国王のスピーチは必ず行われた。長い王制の歴史があるタイだが、国王が国民に直接語りかけることはありえなかった［Prakan 2008: 109］。スピーチを通して、プーミポン国王は、新時代の到来を実感させたと言っても過言ではないだろう。

スピーチの場は、第三回中部行幸では大規模化した。行幸先のナコーンナーヨック県でも膨大な群集が集まった。スピーチ会場となる県庁には、公務員、軍人、警察官、人民代表議会議員、県議会議員、市議会議員、県の女性文化後援会、区長、村長、生徒、ボーイスカウトなどが集まった。それ以前の行幸に比べ、組織的に人々が集められている。彼らは、奉迎の喜びを示すため、国王の動作に合わせて「チャイヨー（万歳）」を唱えた。[Mo.Tho.0201.2.1.31.3/8 (6-7)]。

万歳を多用する奉迎方法は、それ以前には見られなかった方法である。民衆から湧き上がる万歳の様子は、大々的に報道された。

国王のスピーチとそれを聞く民衆の万歳という形式は、その後に確立する「美しき奉迎セレモニー」の原型となった。このような奉迎の在り方には、国王も満足を示した。同時に、奉迎への参加を通じて、民衆の記憶に行幸の記憶が深く刻まれてゆくのである。

三　美しき奉迎風景——その展開

1　奉迎セレモニーの成功なるか?——史上初の東北部行幸

中部行幸が「成功」できた背景には、国王の存在が馴染み深い地域であったという事情もある。別の地域でも熱烈な奉迎は起こり得るのだろうか。歴史的に国王に対する馴染みが薄い東北部ではなおさらである。

東北部への行幸は、国王の希望もあり、早い段階から準備がすすめられた。だが、課題は山積されていた。ただでさえ国王を迎えた経験のない地域であることに加え、近隣国との間に存在する領土問題が、保安上の課題であった。実際、ベトナムからの難民と地元住民とのトラブルが頻発しており、国王の安全確保に最大限の注意を払う必要があった［No.Pho. 1.1.3.］。

東北部行幸の実施日程は、表2および図3の通りである。

表2　東北部行幸の行程

11月2日	サラブリー県	
	ロッブリー県	
	ナコーンラーチャシーマ県	
11月3日	ナコーンラーチャシーマ県	
11月4日	チャイヤプーム県	
11月5日	コーンケン県	
11月6日	ルーイ県	
11月7日	ウドーンターニー県	
11月8日	ウドーンターニー県	
11月9日	ノーンカーイ県	
11月10日	（ウドーンターニー県）	※休み
11月11日	ウドーンターニー県	
	サコンナコーン県	
11月12日	ナコーンパノム県	
11月13日	ナコーンパノム県	
11月14日	サコンナコーン県	
	カーラシン県	
	マハーサーラカーム県	
11月15日	ローイエット県	
11月16日	（ヤソートーン県）	※通過のみ？
	ウボンラーチャターニー県	
11月17日	ウボンラーチャターニー県	
11月18日	（ウボンラーチャターニー県）	
11月19日	シーサケート県	
	スリン県	
11月20日	ブリーラム県	

各県では、県庁の訪問に始まり、遺跡や有名寺院などを訪問している。

国王の訪問希望先には、領土問題の渦中にある遺跡も含まれていた。八月三〇日に行なわれた行幸に関する上奏に対し、国王はルーイ県にあるプーカドゥンと、シーサケート県にあるカオ・プラ・ビハーン遺跡（カンボジア名：プレア・ヴィヒア）への訪問を希望した［Mo.Tho. 0201.2.1.31.3/6(28)］。当時、カンボジアとの間で、これら遺跡周辺の国境は未確定だった。カンボジアに対して行幸の可否を打診したが、返答は得られず、今回の行幸では遺跡訪問は見送られた。

一方で、ラオスとの国境への訪問は、ラオス政府の承認を得られた。合同視察という体裁を条件に、ノーンカーイ県でメコン川を船で移動することが容認された。ラオ

図3　東北部行幸の場所（県）と経路

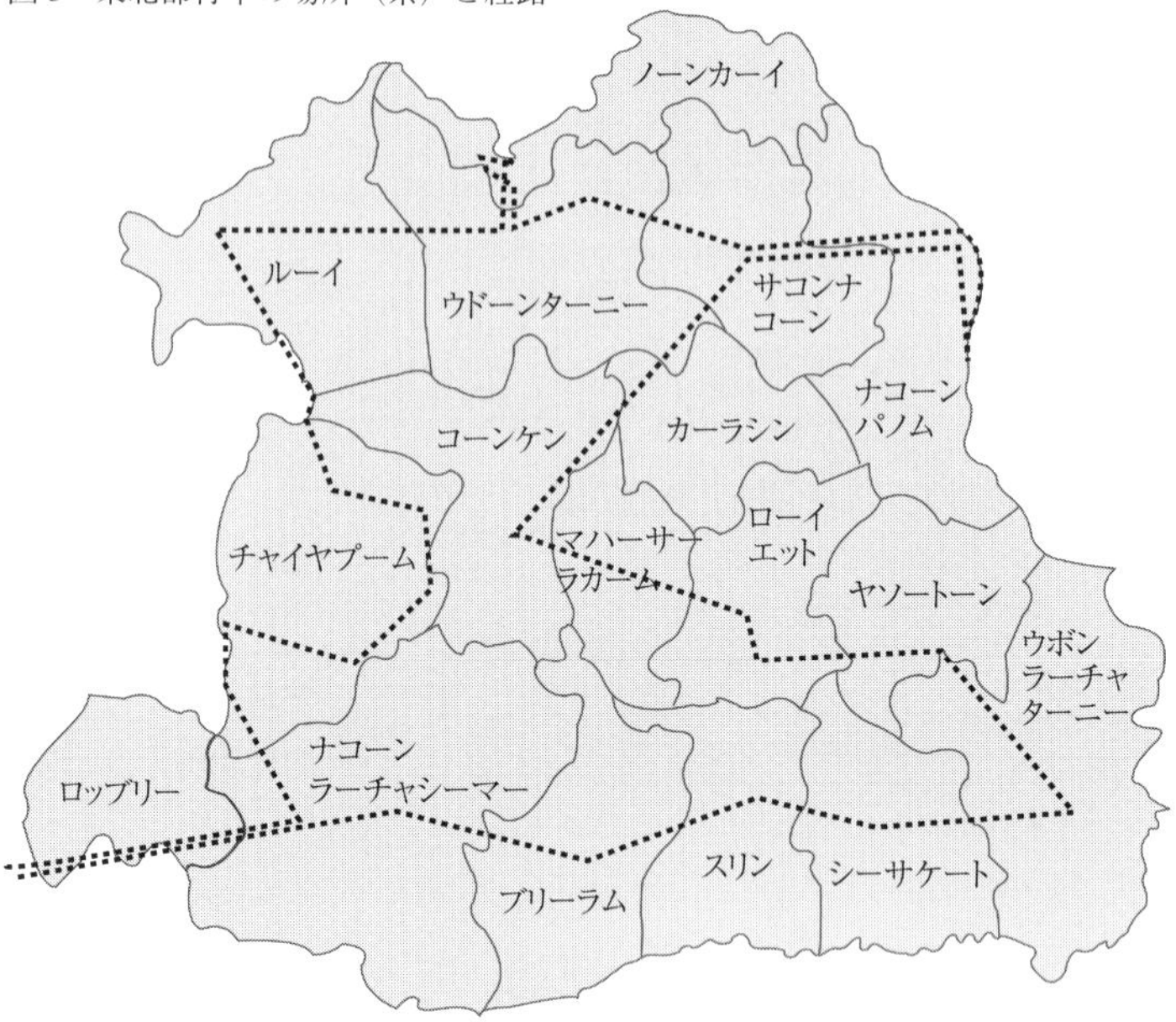

スからの通達によると、一一月九日朝に、首相、外務大臣、商業大臣、農務大臣の四名が、国王をノーンカーイ県の県庁まで迎えに来る。そして、両国の軍部隊が護衛について移動し、メコン川でも両国の兵士が船に同乗するという。両国の代表者が同船することで、「川の上の領土」について争いを避ける意図があったと考えられる。

また、国王は、タイ領内における留意事項も示した。

> 東北地方には、多くのベトナム難民が居住している。彼らの感情を逆なでして、悪いことが起こらないように配慮してください。［Mo.Tho. 0201.2.1.31.3/6 (29)］

この点についてプラガーンは、ベトナム難民による国王暗殺計画を報じた記事が『バンコクポスト』紙に掲載されていることから、国王が襲撃事件の発生を危惧していた可能性があると指摘している［Prakan 2008: 122］。また、ベトナム難民とタイ人との間には、家畜の飼育法の違いからくる問題などもあった。

（報告）

ナコーンパノム県都においてベトナム人が豚を飼育し、その臭いに困っているという訴えの真偽を確かめてきたところ、プアンナコン通り五五四―三番地にて、豚小屋一棟があり、子豚と親豚合わせて二二頭が飼育されておりました。この家以外で、豚を飼育している家はありません。

（決定事項）

近隣の人々を苛立たせている臭いについての解決策として、市は土地の持ち主にその上奏文を直接見せることとした。持ち主の名前は、ハーオ・トランワンで、ウィンサー学校の近くに居住している。この人物が、ヂェームヂャン・ヂャルーンラット氏に豚小屋を建てさせたとのことである。

市は、土地の所有者（ハーオ）に対し、近隣住民の迷惑にならないよう、臭いの問題を解決するために掃除するよう命令した。これでも解決にならないようなら、法に則って、豚小屋は別の場所に移動することとする。

［No.Pho. 1.2.2.53.］

こうした政情的問題に加え、東北部の貧弱な交通網も頭の痛い問題であった。専用機が離着陸できる空港がないばかりか、離宮や適切な宿泊施設すら存在しない。これらの問題を事前に解決しなければならなかった。奉迎セレモニーについても、中部行幸のようにその場まかせにはできず、綿密な準備が求められた。

2　奉迎セレモニーの綿密な準備

奉迎時の準備項目は、大きく五点あった［Mo.Tho. 0201.2.1.31.3/4 (78-85)］。第一に国王夫妻らの宿泊施設、第二に訪問先に関わる事柄、第三が国王夫妻の食事、第四が安全対策、第五がその他の事柄である。

特に、奉迎セレモニーの成功のためには、二点目の訪問先に関わる準備が重要だった。東北部行幸に際して、これは次に挙げる一九項目に具体化されて、入念な事前準備がなされた。

一　県境に掲げるアーチを設置すること。
二　県境のアーチのある場所では、僧侶を招いて祝詞を唱えてもらうよう手続きすること。
三　県知事は、県境まで奉迎に行かずともよい。ただし、市長の奉迎は必須である。
四　県知事は、県庁か、ご宿泊所で奉迎すること。
五　行幸する道の沿道にある寺に協力を仰ぎ、寺院前で奉迎をし、祝詞を唱えてもらうように。
六　行幸する道の沿道にある学校の教員と生徒たちは、車列の通り過ぎるまで、旗を振って奉迎するように。
七　県境のアーチ近くにある郡からは、公務員と民衆はアーチ周辺に奉迎に来ること。
八　沿道に居住する民衆に協力を仰ぎ、家の前に旗などを飾って美しく装飾してもらうようにすること。
九　民衆・商売人・地元の名士などを誘い、アーチ及び献上品を載せる机の制作をすること。
一〇　献上品を載せる机の上には、国王陛下の顔写真は不要である。
一一　各県で奉迎の際の栄誉礼に参加するのは、軍・警察・国境警備隊・ボーイスカウト・生徒・人民代表議員・市議会議員・区長・村長・公務員や民衆の先生などとする。
一二　栄誉礼には、ブラスバンドが必須である。ブラスバンドは国王讃歌の演奏を行う。

一三　拡声器を準備するように。国王陛下に情報をお聞かせしたり、国王のお言葉を皆に聞かせられるように。（もし、あればで構わない）
一四　公務員の服装について。公務員の規則通りの衣装、長ズボン。また、全員帽子着用のこと。
一五　国王陛下が、県庁のアーチを通り抜ける際、国王讃歌を演奏すること。演奏が終わったら、栄誉礼の責任者が「国王陛下、王妃陛下に栄光あれ！」のかけ声をあげ、それに続き、奉迎に来ている者が万歳三唱を唱え、両陛下を讃える。
一六　ご宿泊所から行幸なさる日は、お見送りのための栄誉礼を行う。乗車するまでの道に沿って整列すること。
一七　奉迎に来ている男女の生徒たちと民衆は、国旗の手旗を持参するように。そして、行幸到着時と見送り時には、旗を振るように。この点について、新任の教員や、郡長にも確認しておくように。
一八　行幸中の大通りの交通は、通行止めにしなければならない。御料車や随行車の妨げになってはいけない。
一九　すべての県は、奏上する出し物や文書を準備しておくように。内容には、街の歴史や重要な生業、食物、気を付けるべき病気などについて盛り込むとよい。そして民衆のもとに行幸してきてもらえてうれしいという意思を見せるものなどが良い。（時間は）あまり長すぎないように。［Mo.Tho. 0201.2.1.31.3/4 (80)］

この他、沿道の民衆の管理についても注意事項が記載されている。
・事前に行幸ルートの周知を徹底する
・行幸の隊列を、高いところから民衆が見降ろさないよう注意すること
・奉迎に際して、横断幕を用意する場合に書くべき文言
・国王への上奏文の禁止

・献上品の事前チェック
・奉迎に来る民衆の服装管理
・感染症が疑われる病気の者は、大勢が集まる奉迎場所に入れないこと［Mo.Tho. 0201.2.1.31.3/4 (84-85)］。

中部行幸との大きな違いは、奉迎空間を意図的に創出しようとしている点である。中部行幸では、政府は国王の意向を窺うばかりで、奉迎行事は行幸先の役人や住民の自発性に頼ってしまった。今回の東北部行幸では、一か所の滞在時間を長くし、大々的な奉迎セレモニーを立案している。奉迎セレモニーの会場などに集まった人々は、役人をはじめとするインテリ層に限定されていた。強制的な参加ではないが、職務の一環として捉えられていたようだ。こうした場に参加できない民衆は、駅や沿道に集まり、国歌や万歳の斉唱で歓迎の意を表した［Mo.Tho. 0201.2.1.31.3/10 (112)］。

民衆の参加という点では、奉迎セレモニー当日だけでなく、準備期間もまた重要である。沿道の住宅の飾り付けや、資金を出し合ってアーチを制作している。訪問が想定されている地区では、一般の人々も動員して大掃除が徹底され、老朽化などで見栄えの悪い建造物については、修繕か撤去の指示が出されていた。また、沿道には花や樹木の植栽が勧められ、奉迎の準備は町の景観を一変させていった。このような奉迎準備の体験は、東北部の人々にとって、国王の存在やその権力の大きさを身近に感じる契機になったであろう。

3　奉迎経験を後世に伝える――プライドをかけた北部での奉迎

東北部行幸を通じて、奉迎セレモニーの形態は確立に向かった。しかし、奉迎の経験を他者に伝え、後世に残す方法についてはまだ関心が払われていなかった。東北部行幸の三年後に実施された北部行幸では、個人的な体験を

表3　北部行幸の行程

2月27日	ナコーンサワン県	
	ピチット県	
	ピッサヌローク県	
2月28日	ピッサヌローク県	
3月1日	スコータイ県	
3月2日	ターク県	
3月3日	ターク県	
3月4日	ラムパーン県	
	ラムプーン県	※通過のみ
	チエンマイ県	
3月5日	チエンマイ県	
3月6日	チエンマイ県	
3月7日	ラムプーン県	
3月8日	（チエンマイ県）	※休み
3月9日	チエンマイ県	
3月10日	チエンラーイ県	
3月11日	チエンラーイ県	
3月12日	チエンラーイ県	
3月13日	ラムパーン県	
3月14日	プレー県	
3月15日	ナーン県	※宿泊はプレー県
3月16日	ウッタラディット県	
	スコータイ県	
3月17日	バンコク帰着	

他者に共有させることが課題となった。まずは、北部行幸の行程について確認する（表3）。

主な移動手段は列車と自動車である。これまで同様、行程は寺院や県庁などを軸に組み立てられた。タイ北部は山地が多く、マラリヤや狂犬病など感染症の多発地帯であることから、国王の健康管理には特に注意が払われた。大規模な医療班が随行し、その車両には目印として大きな旗が立てられた。何かあればすぐに連絡を取るよう徹底された［Mo.Tho. 0201.2.1.31.3/13 (168) (236)］。

このような医療班を含め、バンコクからの随行員は九〇二名にのぼり、地方役人を含めると関係者は一〇〇〇人を越えた。東北部行幸ではバンコクからの随行員が二二〇名程度だったのに対し、大幅な増加である。そのため、関係省庁や県知事はバンコクに集まり、計画会議を重ねなければならなかった。

行幸全体責任者であるモームルワン・ピー・マーラークンと、地方側の責任者であるピッサヌローク県知事のプルン・パフーチョンが主導して会議が進められた。

初回の会議の重要議題は、中部・東北部行幸の反省点と、その改善策をまとめることであった。表4は、その要点である。

奉迎の場に関する点に注目すると、特に重要

図4　北部行幸の場所（県）と経路

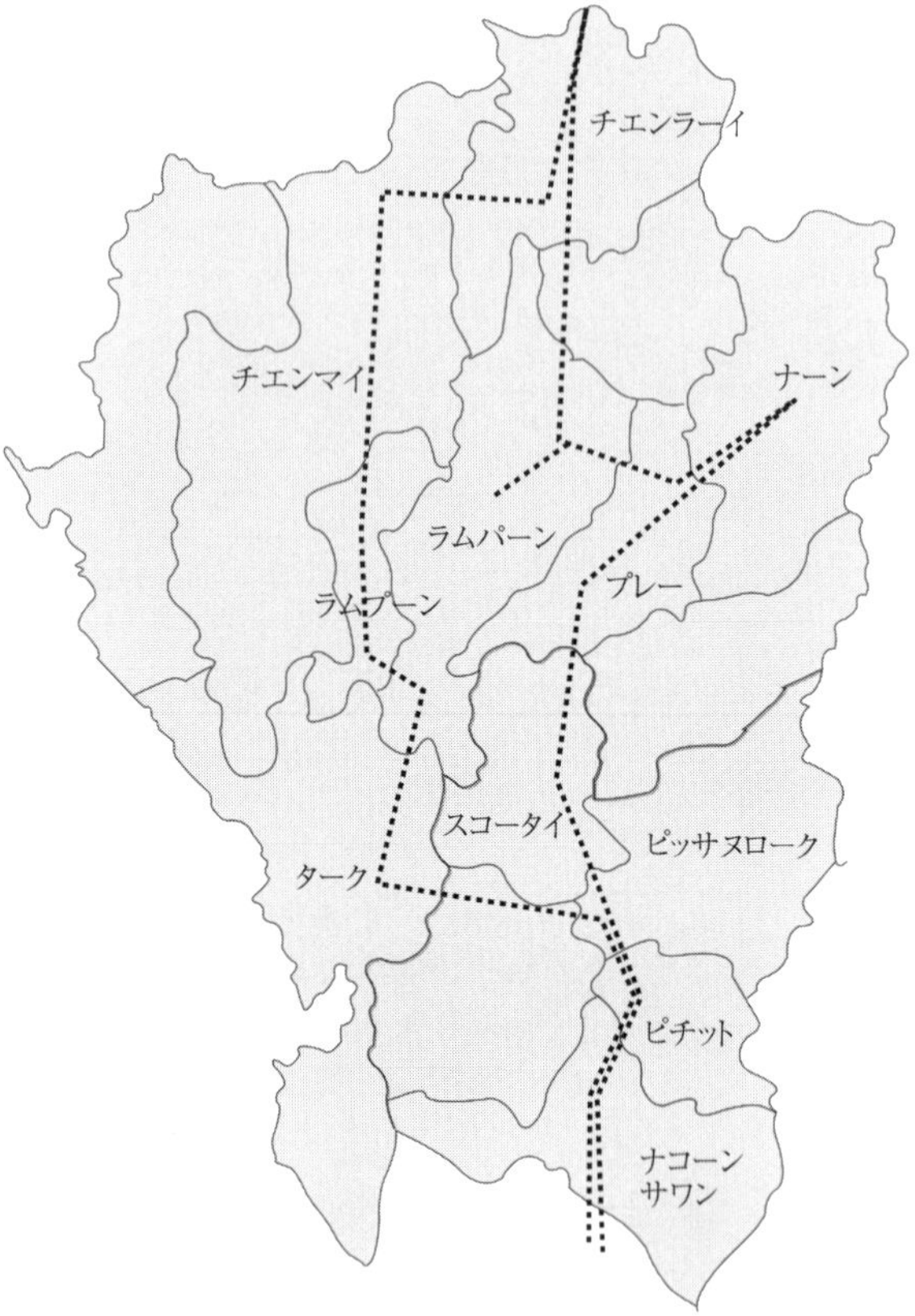

なのは、第四・六・八・九項目である。

第四項目は、国王のスピーチ後の万歳斉唱に関するものである。今回の行幸では、責任者が「国王陛下、王妃陛下、栄光あれ」と発声し、それに続いて万歳斉唱という流れを徹底させることに決定した。この方法は、東北部行幸でも目指されたが、実施の際に掛け声を忘れる者がいたり、万歳斉唱を民衆に徹底できなかった場所があったりして、徹底を欠いたのが反省点だった。

第六項目は、民衆からの献上品についてである。中部行幸以来、民衆からの奉迎に「そぐわない」献上品が問題視されていた。具体的には、果物などのナマモノ、大きすぎるもの（巨大な果物の房などを含む）、道端の花、着用している腰布から破いた切れ端、隣人からのおすそわけ等である。これらは報告書や新聞記事でも問題視されている［*Khao Thai* 紙 1955.10.30. 付］。そこで北部行幸では、事前に献上品を提出させ、県の担当者が内容を確認することにした。献上品は、内容の確認後、日用品・食料品・記念品・神聖なもの（プラ・クルアンと呼ばれる、仏像のお守り）の四種類に分類したうえで献上された［Mo.

表4　北部行幸計画段階でのチェック項目（Mo.Tho. 0201.2.1.31.3/17 (9)-(12) を基に、筆者作成

	チェック項目		チェック項目
1	宿の手配	13	御料車について
2	各人の部屋の鍵	14	ガソリンについて
3	個人の言葉と国王のお言葉の拡声	15	各県の地図について
4	国王のお言葉の終了時の挨拶と掛け声	16	県別のスケジュールについて
5	写真撮影について	17	別の県に向けての行幸の際
6	物品の献上	18	献上品用の机について
7	奉迎した人々に両陛下が姿を見せる場所	19	各地における座輿
8	行幸の道中	20	食事
9	生徒や民衆が使用する旗	21	無料のバーの使用について（ホテルでの飲酒）
10	車の近辺に居る民衆や生徒	22	奉迎用の門
11	衛生面について	23	国王の旗
12	各連絡先	24	奉迎における責任の所在

Tho. 0201.2.1.31.3/13 (348)］。

　第八項目は、民衆や地方の役人の行動統制についての事柄である。これまで奉迎の現場では、民衆への説明がなされておらず、奉迎場所がわからない者や、国王を認識していない者もいた。そこで今回は、行幸を説明する立札の設置や、全ての聴衆が行幸の様子を見られるよう誘導するなどの措置が取られることになった。当時は、地方の民衆の国王への認知はこの程度だったのである。実際、一九五〇年代に農村で調査を行った人類学者は、農民の家庭でアメリカのアイゼンハウアー大統領の写真が飾られていたことや、一九五四年の段階では「王制」という単語の意味を知らない人々が半数以上いたと記述している［Kingshill 1991: 244-246］。このような状況では、民衆の自発的な奉迎参加は困難だった。

　地方の役人に対しては、国王の乗る車両を間違わないよう注意喚起している。挨拶やワイ（手を合わせてお辞儀するタイの挨拶）、もしくは平伏の際に、対象とする車両を間違える事態が頻発していたためである［Mo.Tho. 0201.2.1.31.3/13 (347)］。現在は、御料車の車種や色が決まっているが、当時は使用される車がその都度異なっていたため、こうした混乱が起きたものと考えられる。

　第九項目は、奉迎時の旗に関する決定である。これまでは、国王の顔を印刷した旗が使用されることがあったが、それを禁止した。これは、旗が

奉迎後に捨てられ、踏みつけられることがあるからであった。また、旗の振り方も指定された。大きく振りまわして周囲の人にケガをさせる事案があったため、旗は左右に小刻みに振るよう定めた。

旗の素材は、紙よりも布を推奨した。「布は紙に比べて多少高価だが、長く使用することができる。この旗を取っておいて、子孫に『国王陛下が行幸してきたときに、この旗を使ったんだよ』と語り継いでいかせよ」とある。また、商売人に旗を作らせるよりも、県や郡が作成して配布する方が好ましいとした。旗を作る行為もまた、奉迎体験として記憶に残るからである［Mo.Tho. 0201.2.1.31.3/13 (348)］。つまり、旗を通して行幸の体験を語り継がせようという目的が初めて登場するのである。

「奉迎体験を語り継がせる」という意図は、カメラマンの撮影を広く許可したことにも表れている。それ以前は、メディアの取材に消極的だったが、北部行幸では積極的に写真を取らせる方針に転換した［Mo.Tho. 0201.2.1.31.3/17 (14)］。例えば、United States Information Office に勤務するラルフ・R・ホワイトというジャーナリストが密着取材を許可されている。こうして、国王を歓迎する民衆の姿が大量に撮影されることになった。撮影された写真は、後日、被写体となった民衆のもとへ、役人の手によって届けられた［Khaosod 2007］。

奉迎の場は、国王夫妻に地方のことを知ってもらう重要な機会でもあった。第一九項目は、各県での奉迎セレモニーにおける出し物についての規定である。東北部行幸でも、各県の産業や歴史、風習などを説明する出し物が行なわれたが、夜通しとなることもあり、国王夫妻に多大な負担をかけていた。そこで北部行幸では、長くても一時間程度に制限した。

民衆の服装についても規定された。普段着ではなく、「地元の服装」が推奨された。各地方や民族の特色を国王夫妻に紹介するためである［Mo.Tho. 0201.2.1.31.3/13 (347)］。後年、行幸時に見た衣装に深い感銘を受けた王妃は、地方産の織物や、小物類を制作する女性の就労支援団体を設立している。

ここからわかるのは、奉迎の場は、民衆が国王夫妻を「見る」場であると同時に、民衆が国王夫妻に「見られる」場でもあったということである。これは日本の場合、「天覧」と呼ばれるものと同様のものである。民衆は、儀礼に参加するだけでなく、為政者からの視線を自覚し、それにふさわしい態度をとるようになっていく。このような双方向的に交わされる視線のやりとりも、奉迎セレモニーの実施が重要な意義を持つ理由である。

4　奉迎のマニュアル化——繰り返され身体化される奉迎セレモニー

行幸の形式の確立期が五〇年代だったとすれば、六〇年代は量的な拡大期だった。その背景には、奉迎方法のマニュアル化がある。

一九六四年九月一二日、全国の県知事を集めて開催された奉迎方法の勉強会の場で、『国の頭の奉迎について』というマニュアルが配布された。北部行幸を管轄した内務次官のプワン・スワンナラットがまとめたものである。プワンは、北部行幸での実績が買われ、行幸担当官として全国の知事への指導係を任されていた［Phuwang 2000: 90-102］。マニュアルは、プワンの講演録というべき内容だったが、いまなお改訂版が刊行され続けている。

行幸に関する事前教育が求められた背景には、行幸回数の増加があった［Phuwang 1964: Kharnnam（はじめに）］。行幸の都度、県知事が詳細を確認するようでは負担が過大となるため、全国共通の基本的な奉迎方法を事前に周知しておくことになったのである。

マニュアルの内容は、一二の項目から構成されている（表5）。

これまでたびたび問題になっていた、国王夫妻から話かけられた際の対応には、次のような解説がある。「（なん

表5　奉迎マニュアルの内容（Phuwang: 1964 を基に、筆者作成）

	項目		項目
1	行幸の道中の奉迎	7	祭壇の設置
2	護衛	8	宿泊場所
3	神器の扱い	9	食事
4	奏上の手順	10	女性の服装
5	人民訪問の場所や人の整理	11	写真撮影
6	献上品	12	雑務

と返答してよいかわからずに固まってしまう人も多いが、）その場合は、黙って平伏するだけでもよいのです」[Phuwang 1964: 18]。民衆の統率については、市町村ごとのグループを作らせること、年配の人をできるだけ前に座らせることなどとしている [Phuwang 1964: 22-23]。同様に、献上品についても注意事項が挙げられた。

中でもプワンは、最重要事項として、民衆が心地よく奉迎できることを挙げている [Phuwang 1964: 21-22]。兵士の慰問目的の行幸だったとしても、一般民衆が噂を聞きつけて集まってくることがある。その場合、民衆を尊重し、国王夫妻の姿を見られるようにすることが大切だという。ここにも、民衆の体験を重視する視点が明瞭に現れている。

奉迎の場についても、一項目を立てて解説している。

長い間存在してきたタイの考え方では、国王を出迎えた国民は大喜びし、国王が手を振ったり声をかけたりしたときには、興奮でどうしたらよいかさえ分からなくなってしまいがちで、静かに国王を迎えてスピーチを聞くということができない、と言われてきた。しかし、行幸の隊列が過ぎるとき、人々は楽しくにぎやかにしてもよいのである。他国の元首が訪問した時もそうであるように、人々が祝いや喜びの気持ちを示す方法は、静まり返ることではない。

行幸を奉迎するとき、立っているなら頭を下げて敬意を表し、座っていたら平伏して拝礼するようにしなさい。国王がお帰りになる際、その車列が通り過ぎていくときには、万歳三唱しなさい。そうすれば、行幸はますます喜ばしい行事になるだろう。[Phuwang 1964: 33]

つまりプワンは、奉迎の場には沈黙よりも盛大な万歳斉唱が好ましいと述べているのである。これは、一九五〇年代の奉迎セレモニーの流れそのものだ。

一九五〇年代の行幸で試行錯誤の末に完成した奉迎セレモニーのスタイルは、こうしてマニュアルの中に固定された。この後、行幸回数が急増すると、マニュアルの内容は毎日のように繰り返されることになる。そして、その繰り返しを通じて、民衆の行動規範が定着していったと考えられる。

五〇年代から六〇年代にかけての行幸は、国王と国民との一体感を体験させる場として作り上げられた、と総括することができるだろう。

ただし、視点を変えれば、国王と国民の間には、その介在役として実務を担った膨大な数の実務担当者がいたのである。彼らの働きがなければ、行幸がこのように定着することもなかったであろう。

次節では、奉迎の舞台裏について詳しくみていく。

四　美しき奉迎風景の美しくない舞台裏

本書の冒頭で、行幸を社長による地方支社の視察に例えた。誰も社長の顔を知らないとき、社長を「社長」たらしめるのは、出迎える際の盛大なイベントの実施である。しかし、そのために金銭的・人的に大きな負担を強いられるのは地方支社のほうであろう。

本節では、金銭的・人的な面から、奉迎する各県が行幸をいかに支えてきたのかを、エピソードを交えながらみていく。

1 膨れ上がる予算――行幸続行の危機

現代とは違い、一九五〇年代の行幸の実施には予算面での困難が大きかった。それにもかかわらず、地方の交通・設備インフラは未発達で、行幸では絶えず予想以上の出費が嵩んだ。

タイ王室は、今では世界で一番金持ちの王室として有名だが、当時の財政状況は逼迫していた。[7] 宮中の職員の給与さえ満足に支払うことができないありさまだった。現在、一大観光地になっている王宮やウィマンメーク宮殿、バーンパイン離宮などは、この財政難を乗り越える目的でプーミポン国王が公開を許可した背景がある［Keawkhwan 出版年不明 : 74］。国家予算から配分される王室関係省庁の予算も、現在に比べると微々たるものであった。そのため、行幸にかかる費用の大半は、内務省の予算から捻出された。

計上された予算は、中部行幸では二六万バーツ（約三五〇万円）、東北部行幸では地方に対して三五〇万バーツ（約六一二五万円）、中央からの随行員のために四六万五〇〇〇バーツ（約八一三九万円）、北部行幸では六〇〇万バーツ[8]（約一億五〇〇万円）である。これらは大まかに、修理費・建設費・雑費・ガソリン代・輸送費／日当・食事代・宿泊代に分類されたが［Mo.Tho. 0201.2.1.31.3/13 (43-47)］、ほとんどは交通・設備インフラの整備に割かれた。

当時、国道以外の道は未舗装で、車両の通行が困難な橋なども多くあった。奉迎のためにはそれらの修繕が急務であり、整備された沿道には国旗や花を飾り付ける必要があった。

奉迎経験のない県では「国王専用」の設備を一から用意しなければならないという課題もあった。県知事の公邸を国王夫妻専用として改築したり、訪問先である県庁などに御休息所を設けたりするために予算が準備されている。これは極端な例だが、ナコーンラーチャシーマー県では、陸軍陣営内にある宿泊施設を、国王夫妻のために改築する費用として、一二万バーツ捻出されている［Mo.Tho. 0201.2.1.31.3/4］。この他、河川沿岸の地域を視察するための国王専用船を六万バーツで入手するなど［Prakan 2008: 118］、設備面での出費が嵩んだ。

実際に行幸が始まると、さらに出費は増えていった。中部行幸では、事前に申請された予算の二倍近い金額が実際に使用された［So.Ro. 0201.65/4］。しかも、この差額を賄ったのは各県の知事であった。

各県で知事や副知事が個人的に負債を背負うのは、行幸では普通のことであった。ルーイ県では国王専用機の離着陸に対応するため、空港の滑走路の延長工事が行われたが、その費用を肩代わりしたのも県知事だった［Mo.Tho. 0201.2.1.31.3/4 (13-14)］。隣国との国境地域での警備のための特別支出は、副知事の負担とされた［Mo.Tho. 0201.2.1.31.3/4 (138-139)］。行幸に不可欠な膨大な車両を走行させるためのガソリン代も、支給額を越した場合には、各車両に乗車している者が各自負担する必要があった［Mo.Tho. 0201.2.1.31.3/17 (16)］。

すでに予算を超過し、経費の個人負担も大きかったにもかかわらず、奉迎中に生活の困窮状況について上奏した民衆に対し、救済金が支払われたりもしている［Mo.Tho. 0201.2.1.31.3/6］。最終的に内務省の追加予算で賄われたが、こうした予定外の出費やそれに伴う事務処理も、役人たちを困惑させる大きな要因だっただろう。

行幸の必要経費は膨大であり、また、事後報告的に発覚する出費も大きい。国家予算を圧迫していたことは明白である。しかも、行幸の実施にあたって大きな負担を強いられたのは、国や中央省庁だけではない。予算不足をポケットマネーから捻出せざるを得なかった各県の知事や副知事、軍の責任者などの金銭的負担は過大であった。

2　泣いた警察官――忘れ去られた下級役人たち

役人たちを苦しめたのは、金銭的な負担だけではない。行幸という一大公務に携わることができるという高揚感がありながらも、身体的・精神的負担も大きかった。

東北部行幸では、奉迎セレモニーの場の創出に力がそそがれた一方、その裏方である役人たちへの配慮は不十分だった。

地方側は人手不足が深刻で、各所から助っ人を集める指示が出された［Mo.Tho. 0201.2.1.31.3/4 (75)］。二〇〇名に上るバンコクからの随行員の接待が必要だったことも、人手不足に拍車をかけた。

行幸そのものが初めての経験であるうえ、寄せ集めの人員では円滑な職務遂行が難しく、中央・地方双方の役人から不満が噴出した。例えば、国防省は近衛兵の扱いを問題視した。近衛兵に行幸の行程が伝わっていないこと、近衛であるにもかかわらず国王の周囲に仕えられないこと、国王夫妻の宿泊施設への出入りが誰でも自由で、セキュリティ管理が不可能であることなどを特に挙げ、根本的には地方の側に行幸全体を統括できるリーダーが存在しないことや、中央と地方との意思疎通が希薄であることが問題であると指摘している。このまま改善が見られなければ、国王夫妻の護衛はままならないという脅しめいた文句まで述べている［Mo.Tho. 0201.2.1.31.3/9 (12)］。

下級官僚や車列の運転手などの末端のスタッフは、さらに悲惨な状況に置かれた。

彼らには食事や宿泊場所が準備されていないことが多々あった。各自で食事を取ろうにも、高官たちが時間に構わず呼び出すために十分な休憩時間を確保することも難しい状態である。さらに地方では食事処自体が少なく、やっと見つけても、奉迎に訪れた民衆でごった返していたり、売り切れて閉店していたりと、食事すらままならないことが続いた［Mo.Tho. 0201.2.1.31.3/10 (133)］。弁当を準備しても、運転手らが手を付けることはなかった。役人でもない一般人の彼らが、中央から来る高官や宮中の職員らと同じ車内で食事することは憚られたためである。

無線などの数が不足し、役人同士が連絡を取り合う手段がなかったことも問題になった。

急なスケジュール変更により、大幅な行程の遅れが頻繁に生じた。何時間もの間、いつ来るかもわからない国王夫妻を待つ民衆を管理するため、乾季の暑い日差しの中、警察官たちは起立姿勢のまま待機しなければならなかった［Mo.Tho. 0201.2.1.31.3/10 (135)］。

沿道に配置されている警察官だけではない。車列に加わって警護をする警察官の状況もまた、過酷であった。駅舎は狭すぎて車の横付けができず、下級役人である地方警察官らは、遥か遠くに停めてある車両まで歩いて向かわなければならなかった。しかし、道中は群衆でごった返し、揉みくちゃにされてしまう。やっとたどり着いた車両は整備不良で座席が壊れていたり、エンジンがかからない。やっと出発したと思ったら、給油しようとしたところガソリンが完売して足止めを食ったり、行幸の車列に一般車両が紛れ込んでしまったりと、彼らの神経をすり減らすようなことが続いた［Mo.Tho. 0201.2.1.31.3/10（141-142）］。

ある警察官は、泣きながら職務の過酷さを訴えるに至った。

> コーンケーン県にて。行幸の行程は、全くスケジュール通りに進まず、随行している警察官はもう腹立たしそうであった。そして、車（随行車両）に乗るなり、泣いて懇願し始めた。「自分が随行するのは、ウドーンターニー県までで勘弁して欲しい。なぜなら、この二日間全く休むことができず、風呂も入れずにいて、これ以上は耐えられないからである」と。そこで、警察官を取り仕切っているヂャムローン・タナソーパン氏に連絡を取り、彼らがウドーンターニーで随行を終了する許可を取った。
>
> ［Mo.Tho. 0201.2.1.31.3/10（135）］

東北部行幸では、美しい奉迎セレモニーの場を演出することに成功した。陰で激務に涙を流して耐え抜いた下級役人たちの働きがあったからこその成功であった。

3　膨大な随行員の管理

しかし、個人の働きに依存し、彼らを酷使するばかりでは、行幸は歓迎されないものになってしまう。ブラック企業の社員が、会社への忠誠心を失って去っていくのと同じことが起こってしまうだろう。そこで、彼ら下級役人らの待遇を改善すべく、北部行幸では大規模な増員が図られ、それに伴い責任者も明確に提示された。

東北部行幸にバンコクから随行した役人は一三一人、運転手や料理人、近衛兵などを合わせるとおよそ二〇〇人で隊列を組んだ［Mo.Tho. 0201.2.1.31.3/10 (55-61)］。

一方、北部行幸では、役人が八〇四人、近衛兵等を合わせると合計九〇二人がバンコクから随行した。この他、行幸先の各県の知事なども加わり、実際には一〇〇〇人程度の隊列が組まれた(9)［Mo.Tho. 0201.2.1.31.3/17 (13)］。

人手不足が問題になった東北部行幸に対し、北部行幸では逆に、膨大な随行員の管理が課題になった。随行員らには旅のしおりが配布され、そこに記載のないことは、全て各責任者に問い合わせるよう徹底された。多少長くなるが、旅のしおりを見ていこう。

一　汽車と車の乗降の際は、自身が乗っていた場所の番号を確認すること。

二　輸送部隊の責任者と隊員は、チットラダー内の近衛隊の部屋へ、二五〇一年（一九五八年）一月二六日の一六時までに、荷物を運びこむように。

三　すべての個人の荷物には、鍵をつけ、安定させるためのベルトがあるものにするように。それから、持ち主の名前、所属、荷物番号を書いた札を付けるように。

四　荷物番号については、全部でいくつあるのか、その内の何番目の荷物なのかを書くように。「ア」という人物が宮内庁秘書局の所属で、荷物が全部で三つあるなら、全部の荷物が何個あるのか。また、何個中何番目の荷物かを明記するように。

五　道中使用できる、小さめの鞄を用意しておくこと。服や使うものを分けるように。大きな荷物を先に送らなければならない場合に備えて。

六　すべての服には、油性ペンで名前を記入すること。

七　道中、普通の旅行のような服を着る者は、公務員の制服を持っていくように。国王夫妻の宿泊所で着るためである。

八　チットラダー宮殿への入構許可証を持参するように。この種のカードを持たない者は、内裏（宮中エリア）の通行許可証を持参するように。

九　宿泊場所は、各県で用意してくれているところに従うこと。県に、場所を変更させたり、部屋を追加したりしないように。何か宿について必要事項があれば、中央から行幸に随行している責任者に伝達するように。

一〇　送部隊の責任者は、すべての場所で、行幸出発の一時間前に、荷物を送る準備のため、荷物をまとめに行くように。

一一　電報を送りたい役人がいたら、内容を記載したものを随行責任者に連絡すること。

一二　各責任者は次の通りである。

ア　中央隊　モームルワン・ピー・マーラークン氏　隊長

イ　輸送部隊　ソムポート・パーニッチャヤワン氏　隊長

ウ　医療・看護隊　モンティヤン・ブンナーク医師　隊長

宮内局　二五〇一年二月二〇日［Mo.Tho. 0201.2.1.31.3/22 (9)-(10)］

大幅に増員した職員を管理するため、北部行幸では責任者を明確にすることに注力した。これにより、責任者が末端のスタッフの動向を把握できるようになった。

予算の管理についても同様に、責任の所在を明確にすべく、各県への配分と使途を細かく規定した。これが功を奏し、北部行幸では個々人に過大な出費を強いることはなくなった。

このように、随行する職員を増員し、それを管理する責任者を決めることで末端のスタッフの身体的・精神的負担を軽減し、予算の管理を厳密にすることで、地方の金銭的負担を最小限にすることが可能になった。北部行幸は、東北部行幸での問題点を巧みに解決している。

4　死者の出る会議――奉迎準備に奔走する知事代理

しかし、末端スタッフの人員増大は、それを管理する中間管理職ともいうべき人々の負担を大きくしたともいえる。中部・東北部行幸での奉迎は、その都度問題に対応する現場依存型であった。そしてその反省を活かし、次なる北部行幸に繋いでいくには、奉迎経験者である中間管理職たち、つまり県知事や内務省の職員たちが情報を共有していくしか方法がなかった。彼らは会議を重ね、東北部行幸での反省点をまとめ、対策を練った[Mo.Tho. 0201.2.1.31.3/13 (348)]。

しかし、北部行幸の実施まで一か月を切ったある日、衝撃的な出来事が起こる。

北部行幸の奉迎を取り仕切っていたピッサヌローク県知事プルン・パフーチョンが、バンコクでの全体会議中、心理的負担が原因とみられる脳溢血で倒れ、そのまま還らぬ人となったのである。もともと高血圧症だったことも影響したと思われるが[Phuwang 2000: 90]、地方行幸の奉迎を取り仕切ることが、一介の役人にとってどれほどの負担だったのかをよく示している。

ピッサヌローク県知事が死亡した後も、内務省には彼を追悼する時間は残されていなかった。次の奉迎の責任者になりうる、新しい県知事を探さなければならなかったからである。タイの県知事は、バンコクを除いてすべて中央の内務省から三年程度の任期で任命されるのだが、今回のこの重役は、誰も引き受けたがらなかった。

そこへ、たまたま残り半年でソンクラー県知事の任期を終えるプワン・スワンナラットが別件の報告のためバンコクの内務省にやってきた。プワンが以前、ピッサヌローク県で勤務した経験があることもあり、内務省は直ちに彼にピッサヌローク県知事代理になることを打診した。家族を残し、身ひとつでバンコクに来ているという理由で、彼は一度この要請を辞退した。しかし、内務省は家族がバンコクに到着し次第電報で知らせるから、とにかく一足先にピッサヌローク県に赴任するよう命令した。彼は、県知事を務めるソンクラー県には戻ることなく、バンコクから直接ピッサヌローク県に向かった。

プワンがピッサヌローク県に到着した時には、行幸まであと一三日であった。すぐに奉迎の準備に取り掛かる必要があった［Phuwang 2000: 91］。

この時点では、国王夫妻を迎えるための御休息所(10)の建設すら始まっておらず、すぐにこの作業に取り掛かった。これほど建設開始が遅れたのは、死亡した前知事が怠慢だったからではない。この頃、ピッサヌローク県では大火事や市場の改築があったばかりで、その修復に県が所有する木材を使用してしまったため、御休憩所などの建設資材が不足しているという状況だった。本来であれば、バンコクから木材を調達すべきところだが、それでは間に合わないので、材木商たちに掛け合って、木材を寄付もしくは貸し付けで売ってもらえるよう交渉し、入手した。

同時に、橋の補強工事や道路の舗装などのインフラ整備にも取り掛かった。工事用の軍の車両が村に一度に入ってきたため、たくさんの車を初めて見た村人が慌てふためいたり、車の危険性がわからず避けなかったために轢かれて亡くなった近隣住民がいたりと、大騒ぎであった。橋の欄干に上って作業中だった者が、軍用車が通過した際の大きな揺れで落ちて死亡するという事件も発生した。プワンは、知事代理としてこれらの人々の慰問もせねばならなかったという［Phuwang 2000: 91-92］。

プワンは知事代理として、ほぼ二四時間働き詰めだったようだ。体調を崩しても点滴を打って体にむち打って仕事を続けた。プワンは、最も大変だった仕事として、三階建ての県庁の清掃を挙げている。当時のピッサヌローク県庁の広さは明らかではないが、毎日四〇～五〇人を動員して一〇日間清掃したが、全く終わらなかったという。本来であれば人員を増やしたいところだが、県や市の土木局の職員などは、行幸ルートとなっている道路の装飾のために出払っており、皆が手一杯の状況であった［Phuwang 2000: 93］。

このプワンの回想からは、奉迎のために地方役人たちがどれほど必死に働いていたかをうかがい知ることができる。プワンが担当したのは、一九五八年に実施された北部行幸であり、事前準備の時間は、一九五五年に実施された中部・東北部行幸の時に比べ、十分に確保されていたはずである。それにもかかわらず、奉迎の準備は、多くの人員と時間を費やしても実施ギリギリまで終わらなかった。

もちろん、プワンの着任したピッサヌローク県は、知事の突然死という不測の出来事が起こった県であり、すべての県がこのような慌てぶりであったかどうかはわからない。しかし、奉迎のための会場設営や道中の装飾、そして民衆への宣伝や奉迎方法の指導などの多くの仕事を、決して多くはない地方役人たちだけで行ったという点では、いずれの県も同様だろう。北部と中部を繋ぐ要所として、もともと重視されていたピッサヌローク県ですら奉迎に手間取っていたことから、それよりも規模の小さい県ではさらに混乱していたのではないかと考えられる。

プワンはこの後、行幸終了と同時に県知事代理を辞任した。任命から辞任までわずか三週間の任期であった。しかしながら、この短期間で行幸を取り仕切り、ミスなく奉迎を成し遂げた功績が認められ、その後の国王の地方行幸にしばしば随行するようになった。そして、各地を回るうちに奉迎を指導する立場となり、一九六四年に奉迎マニュアルを執筆する運びとなった（前節参照）。

とはいえ、奉迎セレモニーの演出だけでは、その印象は一瞬のうちに過ぎ去ってしまう。では、美しい奉迎セレモニーの様子を広く拡散し、また後世に伝えるには、どうしたらよいのだろうか。結論から言えば、写真や映像でそれを広め、残すのが最も効果的である。写真や映像を使えば、実際に奉迎に参加できない民衆も国王の姿を見ることができる。遠方にいる民衆とも、奉迎セレモニーの様子を共有できるというメリットがある。

次節では、写真や映像を撮影・流布させるため、国王の側近として尽力した人物に焦点をあて、映像の役割と側近たちの活躍についてみていく。

五　「陛下の映画」がやってくる

「陛下の映画（Phaphayon Swang Phraong）」とは何か。簡単に言えば、プーミポン国王を被写体とした映画のことである。二〇一六年一〇月にプーミポン国王が崩御した際、「陛下の映画」が脚光を浴びた。インターネット上で急速に拡散したのである。人々はその映像を見て、国王の人柄や政治手腕を讃えるコメントを書き込み、その死を悼んだ。「陛下の映画」は、決して過去のものではなく、現在に至るまで国王のイメージを伝え、記憶し続けるために重要な役割を果たしている。

そのような「陛下の映画」は、いつ、誰によって製作されたのだろうか。

1　「陛下の映画」とは何か

「陛下の映画」は、二つの素材から作られる。一つは公務や儀礼を撮影した記録映像、もう一つは、プライベートなフィルムである。後者は、国王自身の撮影による。例えば、地方行幸の際や、王子や王女たちの様子を撮影した映像がある。これらと記録映像とを合わせて編集し、完成させる。

ところで「陛下の映画」という呼び名には、もう一つ重要な意味がある。映画部門担当者のゲーオクワンは次のように話している。

陛下が（映画に関する）全てのことを教えてくださったのです。撮影すべき角度、編集方法、弁士の述べる内容、バックミュージックの選定、そして上映前の各映画の検見にいたるまで、全て陛下が直接ご指導なさいました。陛下はとても厳しかったですよ。そして、（陛下が）このように全てを行うことから、映画は「陛下個人のお仕事」と呼ばれるようになったのです

〔（ ）内は著者の加筆。〕［70Pi Keawkhuwan 出版年不明］

つまり「陛下の映画」とは、国王を被写体とした映画というだけでなく、国王自身が制作を指揮した映画なのである。「陛下の映画」は、一九五〇年にバンコクのチャルームクルン映画館[11]で初めて上映された。主題は、同年に行なわれた戴冠式[12]である。これを皮切りに、一九七一年までに一七本が製作され、その他にも膨大な数のフィルムが撮影された。

映画の上映前には、王族、高級公務員、枢密院による「検閲」があり。同時に編集内容や収益の見込み等も検討され、そのうえで上映の可否を決定することになっていた［Sanwarot 2013: 13］。上映はまずバンコク市内の映画館で始まり、その後、地方での上映を行うこともあった。ただし、映画館での上映期間は短く、バンコクでは三日間から一週間ほど、地方では一日限定が大半だった。

「陛下の映画」はむしろ、映画館以外の場所で積極的に上映された。映画上映による収益が、上映場所にそのま

ま下賜される仕組みになっていたためである。病院[13]や学校などの公共施設は、収益での設備投資を目的に、こぞって上映を企画した。

映画館での上映時には、宮廷楽団をはじめとするさまざまな楽団の生演奏が披露された［Sanwarot 2013: 43-45］。映画の上映前の三〇~四五分間に、国王讃歌や、国王が自ら作曲した楽曲を演奏するもので、楽団員が無給で行った活動である。固定されたメンバーが常に登場するわけではなく、様々な楽団がその都度登場した。中には、絶大な人気を獲得する楽団もあった。特に評判だったのはスンサーポン（สุนทราภรณ์）というバンドで、「陛下の映画」のみならず、様々な映画の宣伝で活躍した。

こうした楽団の存在もあり、わずかな上映期間の間にも何度も映画館に通う観衆もいた。その多くは学校の教員で、映画を通じて王室行事を学ぶこと以上に、普段聞くことのない音楽団の生演奏が目当てだったという。

> 音楽の生演奏があっても、料金はいつも通りで、値上げはしませんでした。考えてもみてください。（一九五〇年代当時は）テレビは普及しておらず、そもそもテレビでの（陛下の映画の）上映は許可されていませんでした。
> （ゲーオクワン氏インタビュー）［Sanwarot 2013: 43］

各地で上映され集客も上々だった「陛下の映画」であったが、やがてラジオやテレビの普及につれ、映画館での上映は徐々に減っていった。

しかし、映画用に撮りためたフィルムは活躍し続けた。七〇年代頃には、これらのテレビ放映が許可されるようになっていた。ただし、フィルムはあくまで映画用だったため、放映時にはテレビ会社が加工するか、もしくは映画の画面を撮影するという手間がかかった。「陛下の映画」部局による放映前の検見も存在した。

当時は目にする機会が限られていた「陛下の映画」であったが、プーミポン国王の崩御後には、過去の報道映像などと共にインターネット上で広くシェアされ、再び注目をあつめている。その意味では、「陛下の映画」に写るプーミポン国王の姿は、今も生き続けていると言えるのかもしれない。

2 「陛下の映画」は誰が撮る?

「陛下の映画」を撮影する職員は、主に二名いた。一人はモームヂャオ・スックラーンディット・ディッサクンという王族出身の職員、もう一人はゲーオクワン・ワチャロータイという職員である。ディッサクンは、ラーマ五世の異母弟であったダムロン親王の息子で、皆から「スックさん」と呼ばれて親しまれていた。戦前から映画部局に勤め、自身で映画会社を設立するなど、映画に精通した人物であった [Keawkhuwan: 出版年不明 : 75]。

一方のゲーオクワン・ワチャロータイは一般家庭の出身である。彼はディッサクンとは異なり、映画に関しては全くの素人であったが、プーミポン国王から撮影技術を教え込まれ、映画部局に長く務めることになった。

映画についてはディッサクンの方が精通していたが、国王の側近として常に撮影したのは、ゲーオクワンであった。これは、ゲーオクワンと国王とが個人的に近しかったからである。彼の父親は長く宮中に近習として仕えた人物で、戴冠式には身支度を手伝うほどであった。また、プーミポン国王の祖母に特に気に入られ、ゲーオクワンら子息の生活費[14]の援助を受けるほどであった。ゲーオクワンの母親も同様に大膳部に勤めており、プーミポン国王の母親と親しかった。

このような縁があって、ゲーオクワンはプーミポン国王とともにスイスへ留学する機会を得た。留学当初は農学を、その後造園を専門として学び、国王の帰国後は宮中に勤めることとなったのである。現在、チットラダー宮殿の敷地内には農園があるが、それはゲーオクワンが荒れ放題の庭を整備する目的で始めたものである。

宮中が、僕の最初で最後の職場になりました。学業修了と同時に、三等公務員としての道に入りましたが、当時の本給は九〇バーツ。その他、手当等を入れて合計四五〇バーツの給料でした。その時代は、服の仕立てが三五〇バーツほどでね。月給は四五〇バーツだから、制服用に一着仕立てたら、もう給料はおしまいでしたよ。

［Keawkhuwan 出版年不明：40］

国王と同世代で、かつ長い個人的な付き合いもあり、ゲーオクワンはプーミポン国王の考え方を熟知していた。宮内事務所の職員向けの講座で、彼は国王との距離の取り方について次のように述べている。

陛下はとても高いところにおられたけれど、とても常識的だった。私は陛下を一番愛していた。……国王の近くにいる者は、自分自身に最も気をつけなければならない。陛下は私と友人でいられるが、私は陛下の友人ではありえない。

ゲーオクワン／クワンゲーオ兄弟とその母（Thanphuying Phua 1986: 49）

陛下が我々のところまで下りてきてくださるのを、我々は奉じるだけなのだ。出しゃばって身分を忘れてはいけないのだ。だから、我々を取り立ててやろうという陛下の慈悲は大きい。我々は、陛下の願いに報いなければならない。意義のある行いをすることによって。

［Keawkhuwan 出版年不明：40］

側仕えをしながらも、彼は決して国王との距離を見誤ることはなかったのである。また、彼の誠実な仕事ぶりは国王から絶大な信頼を寄せられた。同講座内において、「宮内事務所の職員としての姿勢」は自身が側仕えとして「陛下の映画」を撮影する際に持ち続けた仕事への姿勢と共通するとして、自身の信条を次のように紹介し、若手を鼓舞している。


―苦労を恐れてはいけない。

―強い日差しや雨を恐れてはいけない。どんなに熱かろうが寒かろうが耐えるのである。―重い荷物でも、背負うことを恐れてはいけない。

―行けるところはどこへでも、常に行幸についていきなさい。

―陛下の民衆に対する慈愛を示す行為はすべて撮影しなさい。「これだけあれば十分」という程度でやめてはいけない。もちろん、公務だけを撮影するというのもいけません。

―（陛下の）印象的な立ち居振る舞いを撮影しなさい。

―毎回、十分なフィルムを準備しなさい。陛下が予定を変更し、どこへ行幸を続けてもいいように。

―（撮影するだけでなく）何を撮影したのかを記録し、覚えておきなさい。編集作業を想定して撮影するのです。

―心で撮影しなさい。つまり、美しく、より良く、意味のある映像になるよう心して撮るのです。

―健康に気をつけなさい。夜更かしせず、十分に眠るのです。よく食べ、厳しい仕事に体を備えるのです。

［Keawkhuwan 出版年不明：79-80］

ゲーオクワンは、心から国王を敬愛し、彼に仕えることを喜びとしていた。一七歳で共にスイスに留学して以降、二〇一六年一〇月一三日に崩御した国王を先導するように同年九月一五日に亡くなるまで、生涯にわたってプーミポン国王を撮影し、そして国王の姿を全国各地へ広めるために尽力した。

彼の仕事は映画の撮影だけでなかった。毎日、映像を整理してフィルムに番号や日付を書き入れ、フィルムを洗い、切って編集し、映像にふさわしいナレーション原稿を書く。内容の解説に不安があるときには、女官や王族たちに確認を取って、書き直す。そしてそれを部下たちに見せ、朗読の訓練を行う。それと同時に、映画の挿入曲や上映前の演奏にふさわしい音楽を探して編集し、映像と音楽を合わせて一本の映画にするのである。

ゲーオクワンの活躍なしには、プーミポン国王が民衆と触れ合う姿や公務を行う姿、そして奉迎セレモニーにおいて民衆に歓迎される姿が、人々の心を揺さぶり、記憶に残ることはなかっただろう。それどころか、プーミポン国王の姿が広く知られることさえなかったかもしれない。彼は、プーミポン国王の宣伝部長ともいうべき人物だったのである。

3 「陛下の映画」が行く

では、ゲーオクワンは「陛下の映画」をどのように全国へ広めたのだろうか。

一九五〇年代当初、宣伝活動のための人員や機材は限られていた。映画部門の職員は五人ほどしかいなかったが、映画館の宣伝札や、電柱の広告を自ら掲出して回らなければならなかった［Sanwarot 2013: 43-45］。これに加えて、大音量で上映を知らせる宣伝車両を走らせた。映画の内容や上映日時だけでなく、観客動員数を左右する楽団の詳細も必ず宣伝した。

映画の宣伝と同時に、国内各地の風物を紹介した。図5は、東北部行幸後にバンコクで上映された「陛下の映画」の宣伝広告の翻訳である。これには、東北部の有名な遺跡や、少数民族の言語で行われた儀礼など、その土地ならではの要素が多く含まれている。一般庶民の地方旅行が難しかった当時において、映画の宣伝は庶民が各地の様子

陛下の映画

東北地方の人民をご訪問なさった際の映像

総天然色（初上映）

収益から上映経費は差し引きません　国王陛下はイサーン地方における人民救済のために収益を下賜なさいます

上映項目　**陛下の手による映像**　3人のお子様たちの様々な振舞い
イサーン地方への行幸のニュースに加えて上映します
イサーンの15県を行幸した際のお姿を間近から撮影した映像

重要な椙所の映像　ピマーイ遺跡、プラ・タート・バノム寺院、プラサート・プン、加えてプンの儀礼も共に　などなど

音声あり　陛下のお言葉を録音してあります
録行された本物の音声は、プラ・タート・パノム寺院での儀礼のもので、（次の民族の言葉です）タイ・カーオ族、タイ・ヨ一族、タイ・セーク族、タイ・ダム・グート族、タイ・ダム・ムワン族、ソー族、タイ・ムーイ族、プー・クイ・ダム族
プンの儀礼の音声もあります　ウドーンターニー県、サコンナコーン県、ナコーンパノム県、スリン県
雨乞いの儀礼　フォーンパーイスリーの舞、ノンゲーオの舞、グラトップマイの舞

限定上映　全編3時間
平日　4回上映　12時の回　18時30分の回
15時の回　21時30分の回

公務員の休日には、朝9時の回の上映も行います　音楽の演奏は8時30分開始
上映場所　**チャルンクルン映画館**　一か所のみ
上映期間　3月7日までの限定上映　楽団は日替わりです

図5「陛下の映画」上映会（1956年）の広告［Pho.2 So.Bo.7.6/1］

表6 1953年10月8日の「陛下の映画」上映旅行の行程（公文書を基に、筆者作成）

日付		場所		備考
10月	10日	バンコク出発（18時）		
	12日	チエンラーイ県へ移動		
	13日・14日	チエンラーイ県	上映	※13日は軍用基地にて
	15日・16日	パヤオ県	上映	
	17日	パヤオ県	上映	※軍用基地にて
	18日・19日・20日	ラムパーン県	上映	
	21日	チエンマイ県	上映	※軍用基地にて
	22日	チエンマイ県／ラムプーン県	上映	
	23日・24日・25日	チエンマイ県	上映	
	26日	ウッタラディット県へ	上映	
	27日・28日	ウッタラディット県	上映	
	30日	バンコクへ移動		
	31日	バンコク帰着		

を知るための貴重な機会でもあった。

バンコク都心部はともかく、遠隔の地方や、バンコク郊外の公共施設での上映時には、機材の不足が特に問題になった［Sanwarot 2013: 43-45］。地方での映画上映は、初の行幸と同時期に始まった。一例として、一九五三年の上映旅行を見てみよう。

日程は表6の通りである。

二〇日間に及ぶ上映旅行を実施した職員は、ゲーオクワン・ワチャロータイ、スポン・マニープラシット、モームルワン・プラユー・イサラセーナーら三名のみであった。上映行程を詳細にみてみよう。

バンコクを発った翌日、ウッタラディット県に到着した一行は、二六日からの上映会（実際の上映は二七日からの二日間だった）の打ち合わせを行った後、ラムパーン県まで移動した。ラムパーン県で一泊し、車でチエンラーイ県に向かった。

最初の上映地はチエンラーイ県である。一三日は軍用基地での上映となり、軍の所有する機材を使用する必要があった。その後、一三日は計四回の上映を行い、うち二回が生徒向け、二回が一般向けだった。

一四日は、同じくチエンラーイ県の県都での上映である。映画館での上映ということもあり、準備の合間に観光する余裕があった。二回の上映が行われ、どちらも生徒向けに行われた。その夜、県庁では一般民衆向けに上映した。この時には、上映前に陸軍音楽隊による生演奏が行われた。演奏曲は、プーミポン国王が作曲した「サーイ・フォン（Falling Rain）」という曲であった。

翌一五日には、陸軍の音楽隊を連れてパーン郡に向かった。パーン郡では学生向けと一般向けに一回ずつ、映画館での上映を行った。音楽隊による生演奏は、やはり一般向けの上映時に行なわれた。

一六日にはパヤオ県に移動し、映画館で二度、生徒向けと一般向けの上映を行った。チエンラーイ県での時もそうであったが、基本的に生徒向けの上映は無料で、料金を徴収したのは一般向けの会だけである。

一七日には、パヤオ県で一般向けの上映を一度行ったのみで、午前中には観光をして楽しんだことが報告書に記されている。

一八日にラムパーン県へ移動し、映画上映への出資者限定の上映会が行われた。この時には、映画の上映後に音楽隊による生演奏が披露された。

一九日は、ラムパーン県の映画館で三度の上映会が行われた。一回目は生徒向け、あとの二回は一般向けである。この時にも生演奏が行われたが、三回目の上映前の生演奏会で、音響設備が故障し、途中で演奏会が中止となっている。翌二〇日にも、同県で二度の上映会が行われた。

二一日は、チエンマイ県に移動し、三度の上映を行った。翌二二日には、午前中にチエンマイ県で、夕方には隣県ランプーン県で二度の上映を行っている。続く二三日にも、チエンマイ県で一度上映会を行っている。

二四日は、郊外のサンカンペーン地区での上映ということで集客に不安があったからか、宣伝車を二台に増やして宣伝した。上映は、一度だけ行われた。

二五日には、宣伝を強化し、一二時頃と一五時頃の二度、市場や中心市街地で宣伝車を走らせている。しかし、宣伝の効果が薄かったのか、来場者の大半は軍人やその家族だった。

二六日にはウッタラディット県に向かって出発、夕方に到着した。積極的な宣伝の必要があったチエンマイ県とは対照的に、ウッタラディット県での客足は上々だった。当初一度きりの上映だったところを、二度の上映に変更している。上映会が終了したのは深夜だった。

二七日は、生徒向け上映が一度行われたあと、一般向けに夕方から上映が行われた。この時も鑑賞希望者で会場が溢れかえったため、急きょ追加上映を決めた。また、会場が満員となってしまい、長時間のすし詰め状態を避けるため、上映前の口上を中止し、映像を見せるのみにすることにした。追加分の上映会は、翌二八日に行われた。

二九日には、ウッタラディット県での予定がすべて終了していたこともあり、プレー県まで足を延ばして大学の行事を見学した。

三〇日にウッタラディット県とプレー県の観光を済ませ、夜間に帰路についた一行は、三一日の早朝にバンコクに帰着した。

この上映旅行は、主に陸軍とウッタラディット県県都の市長が協力して行われたものであった。上映会の収益の大部分は、ウッタラディット県の公立学校を建設・改修するために使用された。ウッタラディット県で特に来場者が多かったのは、こうした事情があったからと考えられる。

期間中に上映された映画の内容は、ラムパーン県での宣伝広告からうかがい知れる。皇太子の誕生一か月記念祝典や、朝鮮戦争からの帰還兵の慰問の様子、警察や軍の訓練の視察の様子、そしてプーミポン国王自身が撮影した長女ウボンラットや皇太子ワチラーロンコーンの生活風景など、王族の公務と私生活の両方が、一本の映画の中にまとめられている。当時、地方の人々が、王宮内の私生活の様子やバンコクでしか行われない公務の様子を見る機会は、このような「陛下の映画」に限られており、その意義は大きい。

ゲーオクワンは、地方での上映会について次のように回想している。

上映旅行に行くのは、多くて五人、普段は三人程度のチームでした。ほとんど自分でジープを運転して、上映機材を運ぶ必要がありました。地方では、車の通れる道がないために、自分たちで上映機材や発電機を背負って、歩いて上映場所まで向かう必要がありました。……そうやって、「陛下の映画」を広く人々に鑑賞してもらえるよう努力したものです。

〔Sanwarot 2013: 44〕

宣伝部長ゲーオクワンのもと、「陛下の映画」を通してプーミポン国王の姿は広く知られるようになっていった。プーミポン国王一人が公務や行幸に勤《いそ》しんだとしても、それが効果的に宣伝されなければ、人々が知るところとはならない。「陛下の映画」を地方まで広く上映していったことは、プーミポン国王のイメージを形成するための手段で、欠かせない重要な任務だったと言えるだろう。

4　「陛下の映画」の効果とゲーオクワン

「いかに多くの民衆に「陛下の映画」を見せるか。これが、ゲーオクワンの最重要課題であった。集客の工夫として、宮廷楽団の演奏が活用されたことは既に述べた通りである。当時の民衆にとっての最先端の娯楽として「陛下の映画」を位置づけることにより、最大限の集客を目指したのである。

しかし、「陛下の映画」は単なる娯楽作品ではない。集客の先にあったのは、国王に対する規律を民衆に知らしめることであった。例えば、鑑賞時には「礼儀正しい」服装が必須であった。学生らには特に鑑賞が推奨され、教育の一環としても位置付けられた。これまで、国王の公務が学校教育で取り扱われるようになるのは、一九七八年

表7 「陛下の映画」の学校別上映校数

ニュース版を上映した学校		上映希望（1953年9月1日付）	
職業訓練学校	19校	専門学校	13校
公立学校	46校	公立学校	25校
私立学校	90校	私立学校	128校

以降とされてきた［e.g. Mulder 1999, 野津 二〇〇五］。しかし、戴冠直後の一九五〇年代から「陛下の映画」には教育的効果が期待されていたのである。

留意が必要なのは、一九五〇年代前半に行われた各地での上映会が、国家事業ではなかったことである。あくまでも国王個人の提案で企画され、それをゲーオクワンら側近が実行していた。そのため、必要な準備も彼らが個人的に行っていた。事情が変わるのは一九六〇年以降で、内務省が上映会のプログラムを作成し、各県に上映を呼びかけるようになる。当初の上映会は、政府の関与なしに国王らが独自に企画できた、最初期のイメージ戦略だったと言えよう。

逆に、民衆の立場からすれば、「陛下の映画」は娯楽の機会でもあった。同時に、利益を得るために積極的に利用しうる機会でもあった。映画の誘致希望は、一九五〇年代前半の段階でも多数にのぼり（表7）、国王のイメージは急速に拡散し始めていたということができる。初の大規模行幸が行なわれたのは一九五五年だが、それに先駆けて「国王を見る」行為が、映画を通して浸透し始めていたのである。これは、先述の「美しき奉迎セレモニー」の素地を、「陛下の映画」が作っていたということを示しているのではないだろうか。

しかし、この「陛下の映画」が果たした重要な役割も、一九七〇年代に入ってテレビが普及し始めると、急速に低下し始める。ゲーオクワンは国王からの指示で映画部門を去り、アメリカで経営学を学ぶことになった。帰国後に、宮内事務所の財務部での任に就くためである。

ゲーオクワンは一九八九年以降、再び国王の宣伝部長としての役割を担うことになった。国王からの指示で映画のフィルムを写真に再加工し、国王関連の書籍を編集する業務についたのである。

ゲーオクワンは、生涯にわたって国王の宣伝部長であり続けたのである。そして、彼が中心になって撮影した「陛下の映画」は、国王の存在を人々に知らしめ、王室に対する民衆の関心を喚起し、現在まで何度も再生産されたことで、崩御の後もプーミポン国王を「永遠」の存在にしているのである。

おわりに

ここまで本書では、プーミポン国王による地方行幸の奉迎の場と「陛下の映画」に焦点をあて、それらが生み出される過程と、その舞台裏で活躍した人々の働きを見てきた。奉迎の場の重要性は、国王と人々との一体感が図られ、国王を国の象徴として人々が認識することができるようにする点にある。

奉迎のために家の周りを掃除したり、飾り付けたりと何日も前から準備する。当日は、国旗を振る、万歳三唱を唱える、国王讃歌を斉唱する。奉迎の場にいる人々が等しく同じ行動を取る。奉迎に参加した民衆は「美秩序の中に参加（参列・見物）することによる気分の昂揚（感情的自発性）」を感じたことだろう［成沢　二〇一二］。奉迎の場にいることで、民衆は国王の存在を強く認識し、「この君主の下に属する臣民である」と自覚したのではないだろうか。奉迎の場は、前国王と国民との紐帯を示す、重要な儀礼であった。民衆はそれを繰り返し見聞きすることによって、国王への敬愛を育んできた。

しかし、そうした美しい奉迎風景の舞台裏には、膨大な費用の工面や奉迎準備、そして実際に随行する際のプレッシャーに打ち勝ち、激務に奔走する役人たちの存在があった。彼らは、舞台にいる国王を効果的に演出する黒子として、また国王と民衆を繋ぎ合わせる楔として、重大な役目を果たした。彼らの働きによって、「民衆と親しく触れ合う」「身近な国王」「慈悲深い国王」といったプーミポン国王をとりまく様々なイメージが生み出されていった。

生み出された国王のイメージは、「陛下の映画」という映像を使って爆発的に拡散した。そしてプーミポン前国王が崩御した今も、そのイメージは再生産され続け、ある意味では神話になりつつある。人々はそれを広くそれを受容し、信じている。人々が敬愛するのは、国王そのものであり、またその神話上のプーミポン国王でもある。

そしてそのイメージを創り出し、拡散することに尽力した人々こそ、この神話の制作者である。それは、国王の手足となり働く側近たちであり、役人たちである。彼らの働きが、プーミポン国王を「国王」にしたと言っても過言ではないだろう。

先行研究では彼らの存在は等閑視され続けてきた。近年、日本をはじめとする他国の王室・皇室研究では、宮中組織や女性王皇族に焦点をあて、国王（天皇）の周囲の動向が、その政治的・社会的権威やイメージの形成に与えた影響を明らかにするものが増加している［e.g. 茶谷 二〇一二、原 二〇一五］。タイ王制研究も、今後は舞台裏で活躍した人々にスポットライトを当てることで、より議論が深まるはずである。

「支店長のあなたは、視察のためにやってくる社長と会社の幹部たちを、狼狽《うろた》えずに迎えることができるだろうか」

こう問いかけているのは、「支店長」として奉迎準備に奔走し、その後生涯にわたって行幸に随行し続けたプワンである。部下である下級役人への配慮を忘れず、かつ君主と民衆を橋渡しするために尽力する役人。プワンのような役人の存在が、プーミポン前国王の強大な権威を支えていた。

そしてもう一人。プーミポン前国王の宣伝部長ゲーオクワンは、次のように話す。

……引退したら、祖父から受け継いだ土地でタマリンドを育てて暮らしたいのです。土地は酸性で、果物が酸っぱくなるのでは？ という人もいますが、すぐにみんなこういうはずです。「ゲーオおじいさんのタマリンドは、甘くて平ぺったくて。黄金色で、果肉もみずみずしい」ってね。その果物を、欲しがる人達に分け与えながら功徳を積む。そんな暮らしが、したいものです。[Keawkhuwan 出版年不明 : 47-48]

しかし、生涯に渡ってプーミポン国王に仕えたゲーオクワンは、ついにこの願いを叶えることなく、永遠の眠りについた。プーミポン前国王の死の一か月前のことであった。ささやかな自分の夢よりも、死ぬまで国王に忠誠を誓った側近。君主と二人三脚で走り続けるゲーオクワンのような人物は、君主にとってかけがえのない存在であろう。新国王ワチラーロンコーンは、こうした忠義に厚い役人や側近を得られるだろうか。「国王」が「国王たる」ために必要な存在を得られるか。これが、現代王制にとって最初にクリアしなければならない課題なのかもしれない。

注

（1）プーミポン前国王の兄、アーナンタマヒドンもタイに居住した国王であるが、在位中のほとんどをスイスで過ごし、タイ帰国一年で崩御したことから、プーミポン前国王が実質的には初めての国王であった。

（2）本名、マヒドンアドゥンヤデート。欽賜名は、ソンクラーナカリンである。一二歳で欽賜名を授かってからは、ソンクラーナカリンと名乗っていたが、日本では一般的に「マヒドン」の名で親しまれている。

（3）一九三二年六月二四日に、人民党が敢行したクーデタ。有力王族を人質に取り、ラーマ七世に立憲君主となるように迫ったものであり、国王がこれに応じ、憲法を発布したことでタイの絶対王政は崩壊した。

（4）国王の側近が、直接アメリカに行って大統領と会ったり、国王の肖像写真をアメリカに贈った。また、国王がドノーバンを私的に何度も食事に誘っていることも、アメリカとロイヤリストらとの接近の証拠であるとナッタポンは指摘している［Natthaphon 2013: 323-330］。

（5）仏教の経・論・律（三蔵）をまとめる編集会議のこと。タイの公文書では「第三期」となっているが、ビルマでは「第六期」の三蔵結集であるとされている。この違いは、両国が独自のカウントを行っているためであると考えられる。ビルマの仏教史については、藏本［二〇一二］が詳しい。

（6）当時のタイには、県知事の他、各管区を取りまとめる州知事が存在した。
（7）フォーブス誌（アジア版）二〇〇八年八月二〇日付けの記事による。https://www.forbes.com/2008/08/20/worlds-richest-royals-biz-richroyals08-cz_ts_0820royalintro.html（最終閲覧二〇一七年八月三〇日）。
（8）北部行幸では、移動にかかる費用を運輸省が受け持った。その予算は二〇〇万バーツである。
（9）北部行幸では、移動手段に汽車を採用することで随行員の大量輸送を可能にした。当然ながら、随行員用の車両と国王夫妻用の御召列車は別々に運行され、御召列車に同乗することができたのは、近衛兵や側近、宮中の上級職員、タイ国鉄総裁などを含めた三〇名程度に限られた。御召列車は七両編成で、構成は次のようになっていた［Mo.Tho. 0201.2.1.31.3/22 (11)］。

①　車掌車　当該列車の係員と無線
②　食堂用ボギー車　国王夫妻の食事用ボギー車
③　二等客車　前方：近衛兵部隊、後方：近習の職員
④　御召車両（夜用）　国王夫妻用寝室
⑤　御召車両（昼用）　国王夫妻用居室
⑥　三等食堂車　前方：近習の職員用、後方：近衛兵部隊用
⑦　特殊ボギー車　タイ国鉄総裁と職員数名

（10）国王夫妻が民衆に姿を見せるための、王宮（地方の場合は、御宿泊所）の正面大玄関から張り出したポーチに玉座を配した場所や、食事をするための場所、そして行幸に随行してくる侍従たちを待機させる場所を備えた建物のこと。
（11）「陛下の映画」が必ず上映されたのは、ギャルームタイ映画館、ギャルームクルン映画館の二館であった。楽団の演奏の有無にかかわらず、鑑賞料金は他の映画と同額であった。ただし、病院や学校などでの上映の際に限り、鑑賞料は「お心づけ」とされた。
（12）一六ミリフィルムで撮影された最初の「陛下の映画」である。それ以前に撮影されたのはラーマ八世の葬儀であり、八ミリフィルムが使用されていた。なお、葬儀の映像は、映画としては上映されていない。
（13）最初に上映された映画の収益は、プーミポン病院に下賜された。この病院は、一九四九年に開設された空軍病院である。基本的には空軍関係者とその家族のための病院であるが、一般の人々にも開放されている。
（14）具体的には、二歳半から一七歳までの間、学費や被服費、学習用品費用などの援助を受けた。ゲーオクワンにはクワンゲーオという双子の弟がおり、彼も同様に援助を受け、その後プーミポン国王の側近として活躍した。

参考文献

〈日本語文献〉

ＮＩＯ（The National Identity Office）編
　二〇〇八『大地の力　プーミポン国王』アマリン・プリンティング・アンド・パブリッシング・パブリック・カンパニー、バンコク。
加藤和英
　一九九五『タイ現代政治史――国王を元首とする民主主義』弘文堂。
藏本龍介
　二〇一一「ミャンマーにおける仏教の展開」『静と動の仏教』一六六―二〇五頁、佼成出版。
櫻田智恵
　二〇一三「『身近な国王』へのパフォーマンス――タイ国王プーミポンによる地方行幸の実態とその役割」『*AGLOS Journal* Special Edition』七一―九七頁、上智大学。
玉田芳史
　二〇一三「民主化と抵抗――新局面に入ったタイの政治」『国際問題』六二五号、一八―三〇頁。
タック・チャルームティアロン
　一九八九『タイ――独裁的温情主義の政治』玉田芳史訳、勁草書房。
茶谷誠一
　二〇一二『宮中からみる日本近代史』筑摩書房。
成沢　光
　二〇一一『現代日本の社会秩序――歴史的起源を求めて』岩波書店。
野津隆志
　二〇〇五『国民の形成――タイ東北小学校における国民文化形成のエスノグラフィー』明石書店。
パースック、ポンパイチット／クリス・ベーカー
　二〇〇六『タイ国――近現代の経済と政治』刀水書房。
原　武史
　二〇一五『皇后考』講談社。

〈タイ語・英語文献〉

Chanida Chitbundid [ชนิดา ชิตบัณฑิตย]
2550 (2007) *โครงการอันเนื่องมาจากพระราชดำริ: การสถาปนาพระราชอำนาจ นำในพระบาทสมเด็จพระเจ้าอยู่หัว*（『王室プロジェクト――プーミポン国王による王室の権威生成』）Bangkok: The Foundation for The Promotion of Social Science and Humanities Textbooks Project.

Handley, Paul M.
2006 *The King Never Smiles:A Biography of Thailand's Bhumibol Adulyadej.* Yale University Press. New Haven and London.

Keawkhuwan Wacharothai [แก้วขวัญ วัชโรทัย]
๗๐ปี แก้วขวัญ.（『七〇年　ゲーオクワン』）Bangkok. 出版者不明。

Khaosod [ข่าวสด] ed.
2449 (2006) ตามหาคนในรูป ภาพมงคลในหลวงกับประชา.（『写真の人物を訪ねて―― 国民と共にある国王の吉祥のお写真』）Bangkok: มติชน

Kingshill, Konrad
1991 Ku Daeng-Thirty Years Later: A Village Study in Northen Thailand, 1954-1984. Special Report No.26. Northen Illinois University, De Kalb.

Kobkua, Suwannathat-Pian
1995 *Thailand's Durable Premier: Phibun through Three Decades 1932-1957.* Oxford University Press, New York.

McCargo, Duncan
2005 Network monarchy and legitimacy crises in Thailand. *The Pacific Review.* Vol.18 No.4, Taylor & Francis, pp.499-519.

Morell, David and Chai-anan Samudavanija
1981 *Political Conflict in Thailand: Reform, Reaction, Revolution.* Oelgeschlager, Gunn & Hain, Massachusetts.

Mulder, Niels
1999 *Thai Images : the Culture of the Public World.* Silkworm books, Chiang Mai.

Natthaphon Caicing [ณัฐพล ใจจริง]
2556 (2013) *ขอฝันใฝ่ในฝันอันเหลือเชื่อ : ความเคลื่อนไหวของขบวนการปฏิปักษ์ปฏิวัติสยาม* (พ.ศ. 2475-2500)（『叶わない夢の中の願望――サイアムの革命における敵の形成に関する動向』）Nonthaburi: ฟ้าเดียวกัน

Phuwang, Suwannnarat [พ่วง สุวรรณรัฐ]

2507 (1964) เรื่องรับเสด็จฝ้าเมือง（『国のリーダーの奉迎について』）Bangkok: รองปลัดกระทรวงมหาดไทย.

2543 (2000) ที่ระลึกพ่วง สุวรรณรัฐ（『プワン・スワンナラットの記念』）Bangkok: พิยดา สุวรรณรัฐ.

Prakan Klinfung [ปราการ กลิ่นฟุ้ง]

2551 (2008) โการเสด็จพระราชดำเนินทองที่ต่างจังหวัดของพระบาทสมเด็จพระเจ้าอยู่หัวภูมิพลอดุลยเดช พ.ศ.๒๔๙๓-๒๕๓๐"（『プーミポン・アドゥンヤデート国王陛下による各県への行幸　仏暦二四九三―二五三〇年』）Bangkok: M.A. thesis. Chulalongkorn University.

Sanwarot Chaichawalit [สรรวรส ชัยชวลิต]

2556 (2013) โครงการศึกษาเพื่ออนุรักษ์ภาพยนตร์ส่วนพระองค์.（『陛下の映画を保存するための研究プロジェクト』）Nakhon Phathom: National government publication.

Thanphuying Phua Anurakrachamonthian[ท่านผู้หญิงพัว อนุรักษ์ราชมณเฑียร]

2529 (1986) ที่ระลึกงานพระราชทานเพลิงศพ ท่านผู้หญิงพัว อนุรักษ์ราชมณเฑียร（『ターンプーイン・プワ・アヌラックラーチャモンティアンの記念』）Bangkok: 発行者不詳

Wilson, David A

1962 *Politics in Thailand.* New York: Cornell University Press.

〈引用資料〉

・公務記録

ร.ล. (สำนักราชเลขาธิการ/Office of His Majesty's Principal Private Secretary) (1970) พระราชกรณียกิจของพระบาทสมเด็จพระเจ้าอยู่หัว ระหว่างเดือน ตุลาคม ๒๕๑๒-กันยายน ๒๕๑๓,（『国王陛下によるご公務：仏暦二五一二年一〇月―二五一三年九月』）Bangkok: ร.ล.

(1971) ตุลาคม ๒๕๑๓-กกันยายน ๒๕๑๔, Bangkok.

(1972) ตุลาคม ๒๕๑๔-กกันยายน ๒๕๑๕, Bangkok.

(1973) ตุลาคม ๒๕๑๕-กกันยายน ๒๕๑๖, Bangkok.

(1974) ตุลาคม ๒๕๑๖-กกันยายน ๒๕๑๗, Bangkok.

(1975) ตุลาคม ๒๕๑๗-กกันยายน ๒๕๑๘, Bangkok.

(1976) ตุลาคม ๒๕๑๘-กกันยายน ๒๕๑๙, Bangkok.

(1977) ตุลาคม ๒๕๑๙-กักันยายน ๒๕๒๐, Bangkok.

(1978) ตุลาคม ๒๕๒๐-กักันยายน ๒๕๒๑, Bangkok.

(1979) ตุลาคม ๒๕๒๑-กักันยายน ๒๕๒๒, Bangkok.

(1980) ตุลาคม ๒๕๒๒-กักันยายน ๒๕๒๓, Bangkok.

(1981) ตุลาคม ๒๕๒๓-กักันยายน ๒๕๒๔, Bangkok.

(1982) ตุลาคม ๒๕๒๔-กักันยายน ๒๕๒๕, Bangkok.

(1983) ตุลาคม ๒๕๒๕-กักันยายน ๒๕๒๖, Bangkok.

(1984) ตุลาคม ๒๕๒๖-กักันยายน ๒๕๒๗, Bangkok.

(1985) ตุลาคม ๒๕๒๗-กักันยายน ๒๕๒๘, Bangkok.

(1986) ตุลาคม ๒๕๒๘-กักันยายน ๒๕๒๙, Bangkok.

(1987) ตุลาคม ๒๕๒๙-กักันยายน ๒๕๓๐, Bangkok.

(1988) ตุลาคม ๒๕๓๐-กักันยายน ๒๕๓๑, Bangkok.

(1989) ตุลาคม ๒๕๓๑-กักันยายน ๒๕๓๒, Bangkok.

(1990) ตุลาคม ๒๕๓๒-กักันยายน ๒๕๓๓, Bangkok.

(1991) ตุลาคม ๒๕๓๓-กักันยายน ๒๕๓๔, Bangkok.

(1992a) ตุลาคม ๒๕๓๔-กักันยายน ๒๕๓๕, Bangkok

(1993) ตุลาคม ๒๕๓๕-กักันยายน ๒๕๓๖, Bangkok.

(1994) ตุลาคม ๒๕๓๖-กักันยายน ๒๕๓๗, Bangkok.

(1995) ตุลาคม ๒๕๓๗-กักันยายน ๒๕๓๘, Bangkok.

(1996) ตุลาคม ๒๕๓๘-กักันยายน ๒๕๓๙, Bangkok.

(1997) ตุลาคม ๒๕๓๙-กักันยายน ๒๕๔๐, Bangkok.

(1998) ตุลาคม ๒๕๔๐-กักันยายน ๒๕๔๑, Bangkok.

(1999) ตุลาคม ๒๕๔๑-กักันยายน ๒๕๔๒, Bangkok.

(2000) ตุลาคม ๒๕๔๒-กักันยายน ๒๕๔๓, Bangkok.

(2001) ตุลาคม ๒๕๔๓-กักันยายน ๒๕๔๔, Bangkok.

(2002) ตุลาคม ๒๕๔๔-กักันยายน ๒๕๔๕, Bangkok.

(2003)　ตุลาคม ๒๕๔๕-กักันยายน ๒๕๔๖, Bangkok.

・内務省資料

Mo.Tho.[ม.ท.]0201.2.1.31.3/4

Mo.Tho.[ม.ท.]0201.2.1.31.3/5

Mo.Tho.[ม.ท.]0201.2.1.31.3/6

Mo.Tho.[ม.ท.]0201.2.1.31.3/8

Mo.Tho.[ม.ท.]0201.2.1.31.3/9

Mo.Tho.[ม.ท.]0201.2.1.31.3/10

Mo.Tho.[ม.ท.]0201.2.1.31.3/11

Mo.Tho.[ม.ท.]0201.2.1.31.3/13

Mo.Tho.[ม.ท.]0201.2.1.31.3/16

Mo.Tho.[ม.ท.]0201.2.1.31.3/17

Mo.Tho.[ม.ท.]0201.2.1.31.3/18

Mo.Tho.[ม.ท.]0201.2.1.31.3/22

Mo.Tho.[ม.ท.]0201.2.1.31.3/31

・首相府資料

So.Ro. [ส.ร.]0201.65/3

So.Ro. [ส.ร.]0201.65/4

・地方資料

No.Pho. [น.พ.]1.1.3

No.Pho. [น.พ.]1.2.2.53.

・新聞資料

Kiatisak [เกียรติศักดิ์] 一九五五年九月二九日付

Khao Thai 一九五五年一〇月三〇日付

・タイ国立公文書館

HPhttp://www.finearts.go.th/nat/2016-10-16-06-41-18.html

あとがき

タイの地に初めて足を下したのは2007年のことだった。街中に､国王のシンボルカラーである黄色のシャツを身にまとった人々が溢れていた。前年の2006年にプーミポン国王が即位60周年を迎え、その祝賀ムード冷めやらぬ、という空気だった。2007年の国王誕生日にも､引き続き各地で盛大な催しが開かれた。老いも若きもその日は黄色を身に着け、国王の肖像写真にお供えをする。テレビ番組は、祝賀行事の中継ばかり。日本における天皇関連行事との温度差に愕然とし、同時にタイの君主制に強く興味をひかれたことを、昨日のことのように覚えている。

それから10年、紆余曲折を経てもタイの君主制をテーマとして研究を続けてくることができたのは、目まぐるしく変化するタイ社会と君主制を取り巻く環境が、常に刺激的であったからである。

本書の執筆中、タイはまさに激動の時であった。プーミポン国王が崩御し、彼の側近たちも複数名逝去した。新国王の即位に伴い、宮中でも改革の動きがあるようである。君主制の在り方も、今後変化していくのかもしれない。そのような変化の時に、本書を研究成果として世に出せることを幸運に思う。

留学中は、食あたりで入院したり、なぜかラオス旅行中に熱を出したり、自宅アパートの前で熱中症のために倒れたり（南国だから気を付けていたのに！)、自分の体調管理の甘さを痛感する出来事も多かった。研究者は、自己管理ができないと続けられないという諸先輩方の助言が身に染みた。

幸い､研究生活は順調のうちに終えることができた。終わり良ければ全て良し、である。友人にも恵まれ、充実した２年間を過ごすことができた。

現地調査中には、チュラーロンコーン大学文学部のVilla先生、チェンマイ大学人文学部のSing先生からは、大変貴重なご助言を何度もいただいた。宮内事務所や内務省で門前払いを食らってめげそうになる私を励まし、辛抱強く資料探しを手伝ってくれたBoonpisit氏、Warisara氏両名には大変感謝している。彼らなしでは、私の研究の進展はありえなかった。

そしてこの貴重な機会を与えてくださった松下幸之助記念財団のみなさまと、なかなか筆が進まない私に根気強く付き合ってくださった風響社石井雅社長、常に刺激的な助言をくれる玉田芳史先生、諸先輩・後輩、そして同期のみなさま。支えてくれた家族。私の研究にかかわってくださった全ての人に、心より感謝申し上げる。

著者紹介
櫻田智恵（さくらだ　ちえ）
1986 年生まれ。
タイ研究、歴史学（現代政治史）が専門。上智大学グローバル・スタディーズ研究科博士前期課程修了、京都大学 アジア・アフリカ地域研究研究科博士課程を指導認定退学。現在、同研究科 特任研究員。2012 年～ 2014 年にタイ王国 チュラーロンコーン大学文学部に留学。
直近の著作に、「論稿 タイ・プーミポン国王の崩御とこれから――問われる皇太子のメディア戦略」（Adademic journal　SYNODOS、2016 年）、「プーミポン前国王による初期行幸と奉迎方法の確立――「一君万民」の政治空間の創出」（小林基金 2015 年度研究助成論文 小冊子、2017 年 7 月刊行）など。
翻訳本に、チラナン・ピットプリーチャー著、四方田犬彦・櫻田智恵共訳『消えた葉』（港の人、2017 年 1 月発行予定）。

タイ国王を支えた人々　プーミポン国王の行幸と映画を巡る奮闘記

2017 年 12 月 15 日　印刷
2017 年 12 月 25 日　発行

著　者　櫻田　智恵

発行者　石井　雅
発行所　株式会社　風響社

東京都北区田端 4-14-9（〒 114-0014）
Tel 03（3828）9249　振替 00110-0-553554
印刷　モリモト印刷

ISBN987-4-89489-794-6　C0022

あとがき

タイの地に初めて足を下したのは2007年のことだった。街中に、国王のシンボルカラーである黄色のシャツを身にまとった人々が溢れていた。前年の2006年にプーミポン国王が即位60周年を迎え、その祝賀ムード冷めやらぬ、という空気だった。2007年の国王誕生日にも、引き続き各地で盛大な催しが開かれた。老いも若きもその日は黄色を身に着け、国王の肖像写真にお供えをする。テレビ番組は、祝賀行事の中継ばかり。日本における天皇関連行事との温度差に愕然とし、同時にタイの君主制に強く興味をひかれたことを、昨日のことのように覚えている。

それから10年、紆余曲折を経てもタイの君主制をテーマとして研究を続けてくることができたのは、目まぐるしく変化するタイ社会と君主制を取り巻く環境が、常に刺激的であったからである。

本書の執筆中、タイはまさに激動の時であった。プーミポン国王が崩御し、彼の側近たちも複数名逝去した。新国王の即位に伴い、宮中でも改革の動きがあるようである。君主制の在り方も、今後変化していくのかもしれない。そのような変化の時に、本書を研究成果として世に出せることを幸運に思う。

留学中は、食あたりで入院したり、なぜかラオス旅行中に熱を出したり、自宅アパートの前で熱中症のために倒れたり（南国だから気を付けていたのに！）、自分の体調管理の甘さを痛感する出来事も多かった。研究者は、自己管理ができないと続けられないという諸先輩方の助言が身に染みた。

幸い、研究生活は順調のうちに終えることができた。終わり良ければ全て良し、である。友人にも恵まれ、充実した２年間を過ごすことができた。

現地調査中には、チュラーロンコーン大学文学部のVilla先生、チェンマイ大学人文学部のSing先生からは、大変貴重なご助言を何度もいただいた。宮内事務所や内務省で門前払いを食らってめげそうになる私を励まし、辛抱強く資料探しを手伝ってくれたBoonpisit氏、Warisara氏両名には大変感謝している。彼らなしでは、私の研究の進展はありえなかった。

そしてこの貴重な機会を与えてくださった松下幸之助記念財団のみなさまと、なかなか筆が進まない私に根気強く付き合ってくださった風響社石井雅社長、常に刺激的な助言をくれる玉田芳史先生、諸先輩・後輩、そして同期のみなさま。支えてくれた家族。私の研究にかかわってくださった全ての人に、心より感謝申し上げる。

著者紹介

櫻田智恵（さくらだ　ちえ）

1986年生まれ。

タイ研究、歴史学（現代政治史）が専門。上智大学グローバル・スタディーズ研究科博士前期課程修了、京都大学 アジア・アフリカ地域研究研究科博士課程を指導認定退学。現在、同研究科 特任研究員。2012年～2014年にタイ王国 チュラーロンコーン大学文学部に留学。

直近の著作に、「論稿 タイ・プーミポン国王の崩御とこれから――問われる皇太子のメディア戦略」(Adademic journal　SYNODOS、2016年)、「プーミポン前国王による初期行幸と奉迎方法の確立――「一君万民」の政治空間の創出」(小林基金2015年度研究助成論文 小冊子、2017年7月刊行) など。

翻訳本に、チラナン・ピットプリーチャー著、四方田犬彦・櫻田智恵共訳『消えた葉』(港の人、2017年1月発行予定)。

タイ国王を支えた人々　プーミポン国王の行幸と映画を巡る奮闘記

2017年12月15日　印刷
2017年12月25日　発行

著　者　櫻田　智恵

発行者　石井　雅
発行所　株式会社　風響社

東京都北区田端 4-14-9（〒114-0014）
Tel 03（3828）9249　振替 00110-0-553554
印刷　モリモト印刷

ISBN987-4-89489-794-6　C0022